因為性格太多變，所以需要

彩心理學

COLOR
PSYCHOLOGY

目錄 〰〰〰〰〰〰〰〰〰〰〰〰〰〰〰〰〰〰

目錄

前言

　　性格由先天的部分和後天的部分組成。人們對性格的解讀和分類也是眾說紛紜，我結合二十多年的實踐經驗和學習心得，談一些對性格的個人看法，期盼能給讀者帶來一點點啟發。

　　本書介紹的內容以先天的那部分性格為主。寫作的初衷有以下幾方面。

　　第一，先天的那部分性格屬於「本性難移」，是我們秉性的一部分，所以從性格這個角度來了解自己的基本樣貌，也是暖心的自我接觸和探查。

　　第二，先天的那部分性格屬於原始生命力的一部分，裡面包含我們很多相對穩定的思維模式和行為模式，我們可以從本然性格這個角度來解釋一下：我是誰？我為什麼是這樣，而不是那樣？今天的我之所以成為現在的模樣，有多少是本然性格使然？這會使我們釋然：原來我天生如此。

　　第三，人生之路到底要走向哪裡？不知道。但有一點是肯定的，那就是每個人都希望過充實、富足、有意義的生活。先天的性格裡包含很多天然的優勢潛力，是我們天生自帶光芒的部分，了解它、抓住它，走起路來就會更加輕鬆自在。當然，有優勢就會有劣勢，劣勢是生命中的坑坑窪窪，當我們了解它在哪裡，就會去做自我保護和自我調整，在前行的路上也一定比茫然中摸著石頭過河好。

　　第四，只了解自己一定是不夠的。在各種關係中，由己推人，去了解他人，才有可能理解他人；知己知彼，才能友好合作，尤其是我們周遭的人。有很多時候，我們跟他們是最熟悉的陌生人，因為不了解對方為什麼

非要這樣做；為什麼痴心不改；為什麼這麼不同？有多少成分是性格使然、本性難移。

第五，由於先天的這部分性格是相對穩定的，也就會相對頑固。生活中我們總是說要改善性格。怎麼改善？從哪裡做起？改善的程度有多大？我想，最基本的原則，就是要在先天性格的基礎上去改善，千萬不要把天然的自己丟棄，而一味地求改變。

2000 年年初，我第一次在我的老師蔣先生那裡聽到色彩性格理論，也是第一次聽到用紅、黃、藍、綠四種顏色來形容四種性格，其中，紅和黃屬於外向性格，藍和綠屬於內向性格。當時蔣先生問我：「想像一下，用紅彤彤的顏色去形容一個人，你會想到什麼？」我不假思索地回答道：「熱烈奔放、激情似火、快言快語、有震撼力、勇往直前、快節奏、很屬害、有視覺衝擊力、王熙鳳……」我一股腦兒地說出了很多。蔣先生說：「對，這就是紅色性格，也稱為力量型性格。」這真是很神奇又很容易理解的說法。以致後來在講臺上，我用《西遊記》中的師徒四人舉例，問大家：「用紅色去形容師徒四人，你們會想到誰？」不僅成人會認為是孫悟空，就連孩子們也都異口同聲地說是孫悟空。那黃色性格呢？黃色和紅色同屬外向性格，但黃色的溫度沒有紅色那麼高，它的重點不是衝擊力，而是明亮、溫暖的感覺，這自然是豬八戒。綠色是和平色，那非沙悟淨莫屬！藍色的深沉與冷靜，就是唐僧了。

你可能會是典型的紅色性格，但也有可能是紅色＋藍色，或紅色＋黃色等。我們在人生的各種境遇中，必須不斷地打磨自己的性格，以適應環境，讓自己更容易被接納，所以成年人現在基本上都是複合型性格。在這種情況下，我們很容易被無意識地推著走，遠離了本真的自己，被動地隨

波逐流，原有的性格框架體系被攪得混亂不堪。我在哪裡？我又如何做自己？了解性格吧！那裡有我們最原始的力量，主動接受生命中的挑戰，主動而積極地去適應環境的需要，靈活地發揮自己的性格潛力，讓優質生命力綻放光芒！

　　人的很多行為之所以如此，都是性格使然，於是就能對己、對人有更多的理解、更多的釋然、更多的寬容、更多的諒解……當然，除了性格使然，還有性別使然、年紀使然、角色使然、專業使然、修養使然、文化使然、信仰使然……這些都是後天的，目前不是本書闡述的重點。本書主要談的是四色本然性格，探尋一下我們原本的樣子。

　　2001 年起，透過講臺，我把這個理論逐漸帶到眾多機關、企業部門及無數的中小學校，運用領袖風範、魅力經銷、人際溝通、團隊建設、兩性關係、親子關係、師生關係等諸多領域，與更多人分享。2005 年年初，我出版了自己的第一本書 —— 《幸福的香味 —— 按照天性教育孩子》，這個性格理論作為一個板塊，被列入其中。2008 年，應電視臺的邀請，我做了十二集的系列講座 —— 《妙用性格》，隨後，出版了相關的紙本圖書和影音作品。2015 年，在臺灣出版了《你是哪種顏色》。

張勤

第一章
外向性格之紅、黃性格

以《西遊記》中的唐僧師徒四人為例，唐僧的性格以藍色為主；孫悟空的性格以紅色為主；豬八戒的性格以黃色為主；沙悟淨的性格以綠色為主，由於大家對這四個人物很熟悉，所以本書選擇以他們為例來進行說明。需要說明的是，文學作品中的人物和現實中的人還是有很多差別，所以可用來當個參考，最終還是要回歸生活，在真實生活中發現我們本然、本真的那部分性格。

本章主要介紹外向性格的特點，即紅色性格和黃色性格。

什麼是紅色性格

紅色有強烈的視覺衝擊力，特別有分量感，溫度極高。紅色性格的人有這樣的特點：他們堅定、堅強、豁達、熱情而奔放，《西遊記》中的孫悟空就具備很多紅色性格的特點。

紅色性格的優勢資源

掌控力

紅色性格的人很容易說話算數，大家也很容易聽他的，很自然地就服從他。別說孫悟空了，就算是沒幾歲的紅色性格小孩，不知道什麼是領袖，也沒學過領導力，可是你會發現，他輕輕地一揮手，一群孩子就會跟著他走。他很容易就能當上孩子王，不用選舉，也不用事先做什麼準備，都是很自然的。這是紅色性格的人天性裡帶來的，他骨子裡就有這個東西，或者說，他的性格裡就具備了領導者的潛力。

紅色性格的人是指引方向的人。他知道自己該往哪走，所以其他不太

有主見，或反應稍微慢一點的人，一看到紅色性格者的狀態，就不由自主地跟著他走。

我們來看孫悟空。我們看到的孫悟空，他並不是帶頭者，唐僧才是。可是我們都有一種感覺，在這個團隊裡面，有時唐僧是主心骨，有時孫悟空是主心骨，而沙悟淨和豬八戒就不會給我們這種感覺。我個人甚至認為，這個團隊中，孫悟空是主心骨的時候更多，掌控全域的是他。孫悟空是堅定的、果斷的，很少猶豫不決。孫悟空這樣的性格，更容易快速地橫掃一切。

結果導向

紅色性格的人做事情是結果導向的，所以他知道自己該往哪裡前進。如果紅色性格的領導者問你：「任務有沒有完成？完成了多少？告訴我結果就好了！」這時你回答：「這件事我還沒完成，因為……」想找出一些理由博得他的同情，而沒有把事情的結果作為重點議論，那會讓他不爽，你就等著被罵吧！千萬不要跟紅色性格的領導者找藉口，他不容易聽進去，還會嫌你囉嗦。你就直接告訴他完成了多少，還剩下多少沒有完成，準備採取什麼樣的措施，什麼時候完成。在情感和事情之間，他首先看重的是事情；或者說在人和事情之間，他更容易先看到事情。

小孩子也是一樣。帶他去超市，大多數孩子喜歡在超市裡玩很久，唯有紅色性格的孩子玩的時間相對來說很短。玩一會兒他就會對媽媽說：「媽媽，隨便挑兩個就好了！」他們要的是結果，而其他孩子要的是過程：這裡多好玩啊！整天待在這裡都行！有好玩的、有好看的、有好拿的，還有好吃的！但是，紅色性格的孩子從小就能展現出直接追求結果的特質。

再來看孫悟空。遇到敵情，唐僧希望有思考的時間，想到的是化敵為友、以柔克剛。但孫悟空要的是速戰速決，他認為唐僧解決問題的方法不能快速見分曉，於是不由分說，拿下妖怪，乾淨俐落地結束戰鬥。這在唐僧那裡很容易被評價為莽撞。以柔克剛也是一種戰術，很難說誰對誰不對，由於性格的不同，他們願意，或善於採取不同的方法解決問題，都無可厚非。總之，紅色性格的人做事像孫悟空：快速、堅定、純粹、直指結果。

黑白分明

一位父親這樣教育他的孩子：「兒子，你知道什麼叫游泳嗎？游泳就是：要麼浮上來，要麼沉下去，非此即彼。」

父親接著說：「知道什麼叫生活嗎？生活就是：要麼生存，要麼死亡！」

孩子問：「爸爸，那還有半死不活的呢？」

父親斬釘截鐵地說：「半死不活也視為死亡！人不能那麼活著！」

這位父親就是紅色性格的人，他是愛恨分明的，黑就是黑，白就是白，沒有中間色。

我們來看孫悟空。當妖怪出現時，他從不會想到「感化」二字，妖怪就是用來恨的；妖怪就是要徹底消滅的，沒有任何商量和同情的餘地，他愛恨分明。對待妖怪，他只有消滅這種解決方法，而不會考慮第二種解決方法。於是，我們在戲裡看到，他是從來不聽師父勸告的。他的策略就是打、消滅、橫掃一切。如果妖怪就是困難的話，紅色性格的人對待困難不會躲避，不會輕易放棄。妖怪的作為被紅色性格視為挑釁與侵略，會立刻

激發紅色性格的鬥爭意識。在生活中，這種特點被稱為「迎難而上」，提升為道德層面的精神。這種精神有先天的性格基礎，在後天環境中，如果把這種性格特點用到主流文化認可的範疇內，就稱為迎難而上的好特質；反之，就近似於犯上作亂、魯莽妄動……所以，先天的這部分性格沒有好壞之分，只看後天的環境如何給予評價。

不怕挫折

面對壓力的時候，紅色性格的人不會懼怕，會面對困難。壓力和挑戰反而會讓紅色性格的人異常興奮。

我們常說：「你看人家某某多強啊！從不會輕易被打敗。」有些人因為歷練，也可以具備這樣的特質。但紅色性格的人不需要歷練，他性格中就具備這樣的潛在特質，或者說，他天生就具備這樣的特質。

其實，人要舒服，就要盡可能最大限度地做自己。唐僧在很多方面就是看不慣孫悟空，唐僧非常希望孫悟空也像沙悟淨那樣聽話。可是我們想想，如果讓孫悟空當沙悟淨，孫悟空會舒服嗎？他一定會很痛苦！現實生活中，我們追求的是如何最大限度地做自己，同時又能夠最大限度地與人合作，把事情做到最好。

紅色性格的人是最勇敢的人，他們敢作敢為，敢為天下先，勇於承擔責任，再重大的事情也敢一肩挑，這種勇敢的特質是他們天生就具備的，是值得我們學習的，也是值得我們欣賞的。

再來看孫悟空。有一次師父不要他了，這個打擊對他來說是巨大的，但他不輕易放棄。沙悟淨去花果山請孫悟空歸隊時，發現他竟然自己施法變出了師徒四人，準備繼續去西天取經。沙悟淨看到隊伍裡還有他自己，

真是氣壞了，師兄弟二人大打出手，一直打到天宮，請菩薩出來了斷才算平息。

愈挫愈勇

紅色性格的人是非常倔強的，有巨大的心理能量。有人說，不到黃河心不死，但這類人，會把這種不屈不撓的精神用在克服困難上，大大推動他前進的步伐，常常把對手拋得遠遠的。

有些人遇到困難，很容易停下來看一看。紅色性格的人也會，但用的時間很短，快速抉擇是他的特點之一。有些人遇到困難會稍加努力，沒有達到目的就會完全放棄，找各種理由不做了，或認為這不是一個值得奔赴的目標。但紅色性格的人，最可能完成在別人看來不可能完成的任務。有的人在努力的前期就已經預測到未來的壓力，會趁早調轉船頭，另闢蹊徑。紅色性格則不同，大多時候，一旦選準目標，就會勇往直前，無論遇到多少艱難險阻，都不會使他放棄。他的堅持力會讓他一次次地衝出泥潭，在這過程中，會屢戰屢敗，他的選擇是屢敗屢戰。他堅持到了最後，這種屢敗屢戰的精神特點很可貴。

▍紅色性格者的成長空間

每種性格都不是完美無缺的。知道自己的強項，也要了解自己的弱點，明白自己的不足，知道它在哪裡，經常用觀察者的眼光看一看這部分，熟悉這部分，並勇敢地擁抱不足，而不是排斥和討厭。友好地對待所謂的缺點，知道尺有所短、寸有所長，當缺點冒頭時，能迅速地覺察到，那之後所採取的行為可能就是覺醒後的行為。

有關自信

紅色性格的人很好強，他從不缺少自信心。這份好強使他有力量、有分量，幫助他戰勝很多平常人戰勝不了的困難，讓多少人仰望並自嘆不如。紅色性格的人要明白：不能過度好強，要考慮到環境的需要。比如你在長輩面前，就要收斂些；在權威面前，就要謙恭些；在幼兒面前，就要溫和些……過度好強就容易走向自負。太好強，容易節奏過快，旁人跟不上，影響合作關係。太好強，容易忽略對方的反應速度，或置別人於不重要的位置，也許你是無意為之，但卻降低了別人的重要性，而顯得一味強調自己。很多時候，會因此贏了道理，但卻輸了人情。

再來看孫悟空。如果說師徒四人中，誰是離「自負」最近的，那一定是孫悟空。他的身上有自以為是的元素 ——「我絕對正確，都應該聽我的」。從故事情節來看，他是正確的，是人是妖他都分得清，但這是作者的安排，現實生活中就不一定了。我的紅色性格學員中就有人跟我說：「我真的沒發現我有什麼做不對的。」我問他今年幾歲，他說 32 歲。我們很難相信，一個人活了 32 年，卻從來沒做過錯事。這就是紅色性格，他那麼純粹，從不用悲觀角度看問題，他會認為自己的所作所為都是有道理的，很少用「做錯了」來解讀自己。

有關失敗

紅色性格的人屬於強硬派，他們不允許自己失敗，也不能容忍周圍人的失敗。因此，他們經常用自己的強勢帶給對方壓力。其實，每個人都不希望自己有壓力，給別人的壓力太多、太大，就會缺乏彈性；缺乏柔韌性；缺乏豐潤性。別人對你的回應就是：要麼敬而遠之；要麼棄之而去。紅色

性格的人不允許自己失敗，這可能會造就他們的成功，也可能導致他們的失敗。性格真的是把雙刃劍。

再來看孫悟空。他不是一個很有彈性的人，他是很強硬的，反觀豬八戒和沙悟淨，他們的柔韌度就要好一些。同樣面對失敗，要是豬八戒，這次失敗了，下次再說吧！最多懊惱一時，他對自己的能量有彈性的評估。而孫悟空在除妖的過程中，向來是一鼓作氣，無論有多大的困難，絕不半途而廢，直至勝利。紅色性格的孫悟空很享受除妖的過程，他把成就、成功看得比生命還重要。孫悟空在劇中最大的功勞，就是無數次的除妖，他極其看重在這個過程中成就感的展現。在他骨子裡，是不接受失敗的。如果妖怪占了上風，他會憤怒不已、氣急敗壞，他會想盡各種辦法，做出各種嘗試，爭取勝利。或者換句話說，紅色性格的孫悟空不會面對失敗，因為他不知道該怎麼辦。

有關孤傲

通常紅色性格的人，他們最大的敵人是人際關係。別人會說他很驕傲，總覺得自己了不起，看不起別人。於是他在不知不覺中，把自己放在高高的位置上，他最容易體驗到「高處不勝寒」。紅色性格的人很難坐下來靜靜地與別人談心，或者說，在一段對話中，他很難把話語權長久交給對方。對紅色性格的人來說，他自己一點也沒有瞧不起別人的意思，可是性格使然，讓他得罪了別人，自己還渾然不知。其實，他不是故意擺出高傲姿態給別人看的，只是給人的感覺而已。紅色性格的人本身並不怕得罪人，堅持真理是他的出發點，但這份堅持經常會把自己變成孤家寡人。

再來看《西遊記》。師徒四人中，誰離孤傲最近？一定是孫悟空。我們沒有發現他有謙虛的時候，在豬八戒和沙悟淨面前，他肯定是目中無人的，

非常有老大的風範。即使在師父面前，他也可以做到不聽話，頂嘴最多的就是他了，最容易惹師父生氣的也非他莫屬。很多時候我們可以感覺到，孫悟空在獨自堅持自己的主張，像一個孤家寡人，但事實證明，他是正確的。這就是紅色性格的人了不起的地方，他的洞察力和決斷力都是一流的。

什麼是黃色性格

我們想像一下黃色，它是亮麗的、開放的、明快的；有透明感，沒有深沉神祕的感覺；它是輕鬆的、沒有壓力的。人群中有類似性格的人，我們用黃色性格來代表。紅色和黃色都屬於外向，既然都是外向，那他們有什麼不同呢？還是用唐僧師徒四人做比較吧！在他們四人中，符合上述特點的是豬八戒。很多人對豬八戒也是多有微詞，豬八戒是性格使然多一些？還是道德使然更多一些？不妨用多個視角試試看。

黃色性格的特點主要有以下幾個。

黃色性格的優勢資源

喜歡表達

黃色的透亮與輕鬆，在語言表達上表現得很明顯。黃色性格的人通常有語言表達的天賦，喜歡自己說、喜歡幫別人說，享受滔滔不絕帶給大家的快樂，他是最容易掌握幽默感，也最容易眉飛色舞的。黃色性格的人要所有人都看到他的存在，知道他的快樂、享受他的快樂，最好是大家一起快樂，他是團隊裡的開心果。才幾個月大的寶貝，誰都可以抱走，不怕生，在還是幼兒園年紀的時候，就跟誰都熱衷表達，很愛講話，嘴巴不會

閒著，他沒有陌生人的概念，會快速而自如地跟不認識的人說話。黃色性格的成年人也是如此。我們看到過這樣的情景，在超市裡，當你正低頭挑選商品時，一個陌生人問你：「請問這個牌子好用嗎？我也正想買呢！」於是交流就非常自然地開始了。也許進超市的時候你們互相不認識，但出超市的時候，你們已經像朋友一樣期待再次相遇。

我們來看豬八戒。豬八戒是不怕生的，見到誰都有話說，見到誰都一定要說話，甚至跟陌生人說話更讓他感到新奇、快樂。可貴的是，不管對方是嫌他長得難看的仙女們，還是被他妖怪模樣嚇壞的村人，他都可以熱情洋溢地表達自己。然而我們也看到，他的這個表現會快速化解對方的成見，緊張的空氣立刻祥和起來。劇中話最多的人也是豬八戒，如果這個團隊沒有豬八戒，不知道會是什麼樣子。《西遊記》的收視率這麼高，豬八戒這個角色可是立下汗馬功勞的。

活潑開朗

活潑開朗用在孩子身上，大家都很容易接受，但如果用在一個成人身上，除了有正向意義的解讀外，可能還會跟不穩重、沒有城府、不可靠等相連結。黃色性格的人活潑開朗，他看事物常常會先看到積極、正向的方面，而很少把自己拉入苦海。還記得電視劇《還珠格格》裡面的小燕子吧！她的性格原型就是黃色性格，活潑、好動、開朗、快樂。她的思維很活躍，腦子裡經常冒出新的想法；她的生活充滿了遊戲，而沒有古板生硬、不可捉摸；無論遇到什麼樣的困難，她都積極面對，沒有什麼可以嚇倒她，不管是可怕的追兵，還是可惡的容嬤嬤。

在壓力面前，黃色性格就像水缸裡的皮球，除非一直用手壓著，否則只要一鬆手，球就會反彈上來。他是積極向上的人，即使有悲觀出現，也

是短暫的。因為，開朗、活潑是他最舒服的狀態，這跟道德無關，是他生命的基本態勢之一。這個世界紛繁雜亂，人們總是感到「壓力山大」，總是感嘆身邊有真正樂觀的人就好了！黃色性格的人就是這種真正樂觀的人，這是極其難能可貴的。從本然性格這個角度來說，他的樂觀不是後天下苦功修練而來的，是天生自帶光芒的部分。

再來看豬八戒。豬八戒是師徒四人中最開朗活潑的，他是這個團隊的開心果、調味劑。有了他，這個團隊充滿朝氣，在艱難險阻中撒進快樂與輕鬆。遇到問題，豬八戒更願意化解，或化難為易，而不是像紅色性格那樣去決鬥與消滅。

內外一致

什麼叫內外一致？就是他心裡是怎樣想的，臉上就怎麼表現出來。就像一汪清水，一眼就能看到底。或者說，他是最不善於「裝」的人，也是最不會及最不願戴著假面具生活的人。從這個角度來說，他真誠而不虛偽。

環境複雜有時候也會為他帶來煩惱。比如他要是對某領導者有意見，但是又不好表現出來，於是嘴上說人家滿不錯的，但臉上的表情早就出賣了他。他不會隱藏自己內心的真實想法，也不會裝模作樣，因此被認為是最沒有城府的人。最令他苦惱的是家人，如果另一半把這視為不成熟、不老練、沒水準……從而不斷地教育他、提醒他，甚至批判他，或不遺餘力地改造他，後果將不堪設想──本性使然，改變談何容易！內外一致的性格，包含坦蕩與真誠，這是基礎色，是原本就有的特點。後天，在適應環境的過程中，既能保護自己的本真，又能智慧地表現出坦蕩和真誠。

看看豬八戒。豬八戒是不會撒謊的，只要有一點點撒謊的苗頭，孫悟空

就能看出來。即便有時候，豬八戒想善意地撒謊，他的表情也會出賣他。他的內外一致性是最好的，他心裡喜歡女孩，就勇於說出來；西天取經、降妖除魔實在是太難、太累、太麻煩，這些內心的想法只有他敢說出來，他心裡怎麼想，嘴上就怎麼說。重點是他敢說！有很多次，眼看解救師父無望了，他會說：「我們分行李，各奔東西吧！」這種內外一致的坦蕩和真實，會化作可愛，使他贏得觀眾們的歡聲笑語。至於解救師父，他又何曾真的放棄過呢？

崇尚浪漫

黃色性格是真正的浪漫主義者。現實生活中，我們經常聽到有的妻子表示：想當年談戀愛的時候，老公還滿浪漫的，結了婚後就只知道上班、下班、柴米油鹽了。是的，有些人的浪漫是暫時的，因為女孩子都喜歡浪漫，他們才做點浪漫的事討女孩子歡心，那時浪漫是作為追求愛情不可缺少的「手法」。但黃色性格的人，不管是婚前還是婚後，都能一直浪漫下去，一直到老。如果有興趣，可以觀察一下，參加廣場舞的老年人中，一定是黃色性格者居多。茶餘飯後，他們就跳跳舞、放放風箏、打打球等，他們是活到老、玩到老、浪漫到老，也因此被稱為「老頑童」。

看看豬八戒。在完成任務的途中，他不會忘記「輕鬆」。不會放過任何好玩的事情，善於釋重。比如，有一次師徒四人要過河，河水看起來滿清澈的。大家都很渴了，決定先喝口水，可是舀起河水來，卻發現水黑乎乎的，倒掉再舀還是黑的，換一個地方再舀，也是一樣。大家都在討論河水是怎麼回事，要怎麼過這條河時，豬八戒竟發現身邊的花很好看，便興致盎然地採了一朵紫色小花塞進帽簷裡。取經之路有那麼多困難，需要那麼久，情趣和浪漫是不錯的調劑和陪伴，緩衝了不少艱澀與苦楚。

快樂感染力

黃色性格的人快樂，同時也能帶給周圍的人快樂，這就是他們的快樂感染力。跟黃色性格的人在一起，會有很輕鬆、很自在的感覺。他們通常是機智靈活、很好說話、容易合作的人，不會斤斤計較、鑽牛角尖，他們總是用不同的、靈活的方式在做事。

在黃色性格的人面前，你可以做你自己，因為他對人對己都是寬容的態度，不會苛責。他們不喜歡給自己壓力的人，也不喜歡給別人製造困難，他們善於用愉悅的方式工作，知道如何緩解壓力，從不會把自己置於艱難困苦的鬱悶境地，即使鬱悶，也能快速走出來。同時，他們又很具有感染力，善於用快樂去影響那些在苦悶中不能自拔的人。這裡說的感染力，和紅色性格者的影響力不同，紅色性格的影響力更多是號召力和帶動性，而黃色性格的人，是用他們獨有的快樂與激情，影響周圍的人，會快速驅散霧霾，他們能快速地把自己的快樂傳染給周圍的人。

再來看看豬八戒。豬八戒沒有扮演過領導者的角色，他始終是跟隨者，但他也經常說一些自己的主張，有人聽、沒人聽他都能接納，他需要的是表達。在這個團隊裡，他可以讓大家緊繃著的神經得以放鬆，而且只有黃色性格的他有這般本事。不用刻意而隨時隨地用各種方法讓自己快樂，他的快樂不是挖空心思想出來的，而是善於發現快樂，這樣的結果既滋養了自己，也調節了團隊裡的氣氛。

▌黃色性格者的成長空間

俗話說：「金無足赤，人無完人。」平時活潑開朗，有浪漫情懷的黃色性格，也有很多地方讓自己感覺吃力，要專門費功夫去學習，以達成外人

眼中希望的模樣。我們要明白他所謂的不足是天生如此，不是他不努力、不聰明、不爭氣。有這樣的認知和心態，就會在後天的改善中，多一些等待、多一些允許、多一些耐心、多一些幫助。

有關記性

黃色性格的人經常在找東西。他們不是故意的，他們不想丟失東西，但在他們那裡，即使是很重要的東西，都逃不過被丟失的厄運。黃色性格的小孩會丟失書包；成人甚至會丟失孩子，更有甚者自己也曾經走失過。有的黃色性格女性朋友在家裡一天到晚都在找東西：「老公，我們家剪刀在哪裡？」不管老公告訴她多少次，在哪裡拿了，又放回到哪裡，她雖然當時說「記住了，我記住了！」但第二天還是照樣重複昨天的「故事」。這是黃色性格人群的一大特點。除了東西，人名也經常被他們「丟掉」，他們要下很大功夫才能記牢對方的姓名，經常為此而懊惱與尷尬。

再來看看豬八戒。具有黃色性格的豬八戒連師父都敢丟失，甚至丟了好幾次。有一次，孫悟空和沙悟淨在打妖怪，要豬八戒趕快帶師父先走。於是豬八戒牽著馬，讓師父坐在馬上先走了。他跟往常一樣，邊走邊不停地說著什麼。等到孫悟空和沙悟淨把妖怪打敗後回來，問：「八戒，師父呢？」豬八戒說：「師父在馬上呢！」一轉頭，天啊！師父怎麼不見了！什麼時候不見的？其實師父早就被妖怪從馬上掠走了。師兄弟還得再次去營救師父。

所以黃色性格的人也會被負面評價，粗心、記性差、不負責任……若能理解這是性格使然，那會去除很多誤會。

有關熱情

黃色性格的人非常熱情，熱情好不好呢？當然好！只不過每個人對熱情的標準有不同感受罷了，或者說大家對熱情的要求不一定在一樣的水準線上。

比如，具有黃色性格的女士與一位男士見面，通常輕輕握手就可以了，但可能因這位男士幫了她大忙，她太感謝、太激動了，除了握手，還跟人家擁抱一下。如果他是藍、綠性格的男士，會不好意思的。黃色性格的人只顧自己興高采烈，而不太會顧及對方的接受度。對方對熱情的接受度如何，並不是她第一考慮的要素，她的第一要素是讓對方知道，她很感激、很激動，至於表達方式，必須給她時間刻意思考，哪怕這個思考是一瞬間或幾秒鐘。這就是黃色性格，大大方方地由衷感謝，她自己覺得很正常。

再來看看豬八戒。他的熱情經常會嚇壞好心留宿的人。如果遇到姑娘，他就會更加熱情，甚至毫不遮掩地大獻殷勤，把姑娘們嚇得尖叫、跑得遠遠的。但反過來想想，跑得遠遠的姑娘們還會回來，還會願意跟豬八戒嬉鬧，這時豬八戒的熱情為自己加了分。其實，我們在生活中也可以看到，熱情本身沒有問題，無所謂對錯，只是看我們用的時機是否恰當，用的熱度是否合適。

有關誇張

黃色性格的人很樂於表達，也善於表達，平平淡淡的表達他會覺得很無趣，像白開水，不足以引人注目、不足以引起重視，重要的是，他喜歡酣暢淋漓地說個痛快。所以黃色性格的人總會多使用形容詞，把事情

往「狠」的方向表達，這個「狠」通常不是往陰狠的方向，而是加入他的快樂與幽默，使他容易成為最會講故事、玩文字的人。當然，如果做得太過頭，會顯現出誇大和演繹的成分。所以，從負面的角度來說，那些愛說大話、愛吹牛的人，有不少是黃色性格的人。

　　再來看看豬八戒。如果說師徒四人中，誰離幽默和吹牛最近，那肯定是豬八戒了。他喜歡表達，嘴巴閒不住，表達多了，難免會誇大其詞，尤其是在師父面前數落猴哥的時候，那份誇張似乎很過癮。在遇到困難時，他可能會誇大其詞地進行描述與評價，因為困難與複雜是黃色性格的人天生就很排斥的，他在描述的時候，通常會帶著害怕和為難的情緒。事實上，真要開始行動去解決問題時，他又很善於發現有利於解決問題的正面因素。誇大其詞的表現還是要看場景，寬鬆氛圍下，無傷大雅；嚴肅場景下，就要留意了。

第二章
內向性格之藍、綠性格

外向和內向只是相對而言，在生活中，沒有人的表現是絕對的外向或內向，尤其隨著年齡的增長，我們的部分本然性格也在逐步地環境化。比如一個先天不愛講話的孩子，經過訓練後，可以成為優秀的演說家。在我們敬仰的偉人中、在我們羨慕的優秀人群裡，紅、黃、藍、綠性格的人都有。大家都有自己天然的行為方式，本然性格屬於原始生命力的一部分，它指揮我們的行為，所以才叫本性難移。天生這部分性格，原本沒有好壞之分，只是特點不同。在後天的環境中，加入了道德視角的評價，就人為地分出好壞了。無論外向還是內向，都不應成為形成偏見的理由，我們依然要明眼識人，對方此舉是性格使然，還是道德使然。以《西遊記》中的唐僧師徒四人為例，唐僧是以藍色性格為主，沙悟淨是以綠色性格為主，由於大家對這四個人物很熟悉，所以本章繼續以他們為例來進行說明。

藍色性格和綠色性格都屬於內向性格，那它們又有什麼不同呢？我們先來了解一下藍色性格。

什麼是藍色性格

我們想像一下藍色 —— 這個顏色有幾分沉靜、幾分神祕，它是安靜的、深沉的，是內斂的、不張揚的。唐僧以藍色性格特點居多。不過，唐僧畢竟是文學作品中的人物，在他的行為中，還加入了佛性使然，這個部分屬後天習得。要了解我們先天的那部分性格，其實不容易，因為，先天與後天的性格已混為一體，被各自的環境需求所打磨，呈現出來的本然性格已不那麼純粹了。但它畢竟有本性難移的特質在，就此探尋，還是不難發現本然的自我。那麼藍色性格都有哪些主要特點呢？

▎藍色性格的優勢資源

擔當之心

藍色性格的人是願意擔當的，是責任感很強的人。這並不是說其他性格的人責任感不強，而是相對而言，藍色性格的人很重視自己能為別人做些什麼，自己會做得怎麼樣。一旦答應了對方，就一定會堅持到底，擔當到底，他們會考慮自己的付出是否讓對方獲得滿足，會在乎對方的感受，甚至對方滿足感的程度會直接影響他們價值感的程度。不管對方是一個人，還是一個事業、一個團隊，他們是願意付出的人，這也使他們最具有奉獻精神。如果事情沒有達成，他可能是最自責的那一位，而會先推卸責任的人，通常不會是藍色性格的人。

我們來看唐僧，很難看到唐僧貪圖享樂的時候。他騎在馬上不動聲色，一心想著西天取經，明知路途遙遠、險惡叢生，他也會堅持；他關注每一個徒弟，但很少表現在嘴上。他不是一個自私、心裡只想自己的人。相反的，他為責任而活，信念極其堅定。

活得輕鬆的人，對自己要求不會太嚴格，就像豬八戒那樣，對自己很寬鬆，對別人要求也很寬鬆。而藍色性格的人，對自己的要求很嚴格，對別人的心理要求也很高。通常別人會覺得他們活得很累，跟著這樣的人自己也會累，但藍色性格的人自己並不覺得，他們認為生活就應該是這樣的。如果讓他們悠閒地生活，不要操心，不要有所作為，他們反倒會不自在。他們屬於可以承受生命之重，不能承受生命之輕的人。

謙虛謹慎

我們從藍色性格的人身上，看不到半點張狂的影子。他們總是謙虛謹慎，很少大嗓門，即便不同意你的觀點，也不會跟你爭得面紅耳赤。但這不等於他們放棄自己的觀點，他們會小心地看待問題，更細緻地思考，不與人起正面衝突，會繞道而行，繼續實現他們的主張。從這一點來看，他們在堅持自己的觀點上，是很「固執」的。謹慎是他們做事很重要的一個特點，他們不會輕易地相信別人；對待事物，他們常常持懷疑態度，所以不易上當受騙。他們也極少做冒險的事情，安全與穩妥是重要的考量因素，他們會評估諸多細節及成功的可能性，為了做某件事，他們事前會做很多準備，謹慎而不冒進。

再來看唐僧。我們看到的唐僧是位謙謙君子、溫潤如玉。他無數次地反對用武力解決妖怪問題，而想用更謹慎、更婉轉、不冒險的方法來解決，雖然孫悟空每次都不聽他的勸告，但唐僧仍試圖說服他。生活中藍色性格的人也不願意用武力解決問題，他更願意用頭腦。無論走到哪裡，接觸什麼樣的人，唐僧都是持謙恭的態度。不僅如此，即便在大難臨頭時，自己要被煮了，或被強迫馬上要跟公主成親，他也不會像外向性格的人那樣暴跳如雷。有時孫悟空把他氣急了，我們依然能從盛怒之下，看到他慢性子的表現。快刀斬亂麻的方式不屬於他，他教育徒弟時說最多的話就是「休得無禮」。

嚴格自律

藍色性格的人對自己要求很嚴格，對別人要求也很嚴格。因為他們內心是追求完美的，既然追求完美，要求就會很多。他們做事情很嚴謹，條理清晰、按部就班、追求品質。他們是糾錯專家，無論是自己的錯，還是

對方的錯，遇到不順心的事，他們會先找自己的問題，先向內求，檢討自己、檢討細節、發現問題，在心裡重演過程，所以他們自省的頻率較高。

再來看唐僧。我們很少發現唐僧違背過什麼紀律，違背紀律次數最多的是紅色性格的人，是孫悟空。紅色性格的人是最勇於向權威挑戰、最容易做出出格的事、最標新立異的人。藍色性格的人從不挑戰權威，也不輕易打破規矩，他們是最能自覺遵守規則的人，即使完全有犯規的理由存在，他們也不會輕易越雷池一步。唐僧要求徒弟們做到的事情，自己一定會先做到。他絕不會做出豬八戒常做的事，比如說風涼話、偷吃西瓜、調戲漂亮女孩、偷懶……等。由於嚴格自律，他的那根心弦天生就繃得很緊，他極少做出放任自我的事情。他管得住自己，不任意妄為。

感情細膩

藍色性格的人很有同情心，看到可憐、傷感的事，就容易動情，尤其善於理解別人，也很尊重別人的感受，同理心很強。他們的情感是細膩而豐富的，很多時候，講大道理沒用，以情感人會更有效果。他們情商很高，是重情重義之人。藍色性格的人從小就會看大人的臉色行事，揣摩大人的心思，察言觀色之後，才會表達自己的想法。在幾個孩子中，他們最能理解母親的心思，也最懂得心疼母親。他們很少莽撞行事，不經思考、張口就說，絕對不會是他們。面對同樣傷心的事情，他們傷心的程度會比其他人還高，柔情似水。

再來看唐僧。毫無疑問，他是很有同情心和憐憫心的，正因為這一點，那些妖怪才會經常裝扮成可憐之人，出現在他的必經之路，利用他的善良和同情心來欺騙他。他也很容易輕信那些「可憐人」的話，也正因為如此，他才屢屢上當，人妖不分。但無論上了多少次當，他也依然難以改

變，還是義無反顧地走進妖怪為他設的圈套，原因之一是與他的佛心有關，一心向善，不會從惡處思量對方；二是「可憐」最容易打開藍色性格人的悲憫之情。生活中藍色性格的人在炙熱的感情和原則發生衝突時，選擇的界限容易趨於模糊，少了快速明辨和乾脆俐落。

思想者

藍色性格的人想的時候多，說的時候少。他們思維縝密且三思而後行，能沉得住氣，是下功夫思索事的人，可以把問題想得很深入。他們的心思不易外露，經常是一副沉思的模樣。藍色性格的人心思很細，做事情關注細節，會制訂周密的計畫。在生人面前冷靜大方，謙恭順和。他們有自己的成功之道，絕不會大刀闊斧、風風火火地去達成，他們會智取而勝！

再看唐僧。唐僧的狀態是深沉的、冷靜的，有點捉摸不透他都在想什麼，對比一下就能看出來，豬八戒只要心裡有話，一刻也留不住，會說出來，愛也好，恨也好，隨時跟你分享他的感受；唐僧正好相反，他總是不急於表達，更喜歡思考和觀察，他甚至很少跟你談心。接受任務後，有的人邊做邊調整，先做再說；藍色性格的人會思慮周全、準備妥當了才去做，絕不貿然行進。有句笑談：悟空總是在做；八戒總是在說；師父總是在想；悟淨總是在看。各自看重的方向不同，各自的行為模式和基本態勢就不同。而這不同態勢的表達，正是本然性格。

▋藍色性格者的成長空間

性格是把雙刃劍，有優勢就有劣勢。發揮性格中的優勢，盡量在優勢範圍內做事，更能享受到做自己的快樂，也更容易讓所做之事見到成效。善待缺點，避免發揮不當。所謂的缺點，往往是性格的劣勢部分，是自己最不擅長的，由於不擅長，所以才要善待，不必自我指責和自我抱怨，要避免把缺點無限放大。了解劣勢，是為了懂得自己，不在自己的弱處爭強，也不妄自菲薄，客觀地評價自己，做出最恰當的選擇。

有關嚴肅

藍色性格的人是極其嚴肅的，他們很少喜形於色，更別提眉飛色舞。我們很難看到藍色性格的人開懷大笑。他們總是在想事情，且總是有事情可想，由於長期在做「想」這個動作，以致他們的表情多為思考狀、嚴肅狀。他們有很強的憂患意識，善於發現事情的潛在危險。藍色性格的人常常為那些樂天派擔憂：「不知道前面有多少荊棘嗎？」「不可以掉以輕心啊！」「萬般小心還差錯不斷呢！有什麼好開心的？」「你們這樣真不讓人放心。」而藍色性格也許不知道，正由於有他們的存在，其他人才能輕鬆快樂地前行，因為所有的風險都有他們在思量呢！藍色性格的人就是這樣，對以前不開心的事情，會牢牢記住，絕不像黃色性格的人那樣沒心沒肺、輕易忘記煩惱。

再來看唐僧。絕大多數時候，唐僧臉上的表情都是嚴肅的，很少看到他在馬背上欣賞風景，也很少看到他跟徒弟們有說有笑。更多時候他都在思考，為前面的路途坎坷而擔心、煩惱。但他是很有毅力的人，他的目標是奉命西天取經，不完成任務是誓不罷休的，無論他樂觀也好，悲觀也好，堅韌不拔的精神從未改變過。

有關魄力

生活中最有魄力的當數紅色性格的人，他們不被細枝末節所牽絆，善於掌握大方向，繼而做出非常有魄力的決定，有大刀闊斧、豁出去的精神。如果這就是魄力的話，那藍色性格的人就很少會這樣，除非他們後天有歷練的經歷，否則在一般情況下，他們很容易被枝節的問題所牽絆，顧及太多方方面面，太關注細節而忽略框架和方向，甚至會「滿地撿芝麻，整簍灑油」。

再來看唐僧。紅色性格的孫悟空是很有魄力的，當藍色性格的唐僧魄力不夠，又發生突發事件時，孫悟空就會快速站出來，這也就是他「屢教不改」的原因之一。如果說孫悟空搶了唐僧的風采不合適的話，那藍色性格的領導者在應該當機立斷的時候猶豫不決，誰來快速應戰呢？當然，一個人該有魄力的時候就要有魄力，該關照細節的時候就該關照細節，各自擅長的地方不同，如果我們有所覺察，那後天的歷練就非常有利於成長了。

有關情趣

並不是所有藍色性格的人都缺乏情趣。藍色性格的人是可以情意綿綿的……可是先天的小心翼翼、認真刻苦太過頭，就會走向古板、失去柔和，自然就缺乏情趣了，這主要表現在他們缺乏幽默感和浪漫情懷上。儘管有時候，我們可以從他們的談話裡聽到一些幽默的語言，但那只是偶爾發生的事情，藍色性格的人內心深處是缺乏幽默的，因為幽默是一種輕鬆的狀態，而藍色性格的人不放鬆，這種能力是需要後天刻意培養才能產生的。他們也同樣缺乏浪漫情懷。比如，在結婚前，女友可能會認為藍色性

格的男友還算有點幽默,偶爾也會浪漫一下;但結婚後,男士的表現會越來越回歸自然,於是幽默就會越來越少,浪漫也越來越少,這主要是因為戀愛階段本來就充滿激情和浪漫,即便不會幽默也會學著幽默,也會製造點浪漫。然而當婚後的生活趨於平靜時,藍色性格的人缺乏情趣的缺點就會表露無遺。

再來看唐僧。我們幾乎沒有聽過唐僧幽默的語言,也幾乎看不到他有什麼幽默的舉動。面對不聽話的徒弟,幽默地批評一下也許是不錯的方法,但他從來沒有嘗試過。在被妖怪抓走,生死攸關的時候,他就更不可能幽默了,不像孫悟空和豬八戒,在大打出手的時候,還不忘「幽」妖怪一默。

什麼是綠色性格

想到綠色性格的人,就會感到他們是安靜、平穩的,象徵和平主義。他們給人一種安全、體貼的感覺。通常綠色性格的人,說話和動作都比別人慢半拍,屬於慢性子,他們是世界上脾氣最好的人。有人說:我脾氣也滿不錯的。要看具體情況,如果對剛認識的新朋友,就會表現得脾氣很好,但不是對所有人都能一直保持,那這類人就不能算是綠色性格的人。誇張點說,綠色性格的人一生中發脾氣的次數是數得出來的。《西遊記》中的沙悟淨就具備很多綠色性格的特點。

綠色性格的優勢資源

腳踏實地

爭強好勝的人有很多。有一部分人不爭不搶也過得很好，或者說，他們爭強好勝的方法更內斂，他們不疾不徐、腳踏實地、按部就班，最後什麼事都沒耽誤，該得到的生活也都得到了！他們內心平靜、為人低調、沒有野心，總是腳踏實地做好自己的工作，這樣的特質是非常難得的。他們喜歡簡單，不願意把生活弄得很複雜，喜歡平平淡淡過日子。去爭、去搶，實在不是他們的風格，他們不願與人為敵，更在乎和諧的人際環境，他們相信在這樣的前提下，透過努力也一定能獲得幸福的生活。

我們來看沙悟淨。不顯山不露水，不爭也不搶，該做的事情他會踏踏實實地做，跟誰的關係都很好，也得到了應有的尊重，挑著擔子默默地陪伴，既不多嘴也不多事，但關鍵時刻會照樣付出最大的努力。比如，大師兄惹師父生氣，被趕回花果山，他毫不猶豫，去花果山請師兄歸隊；而大敵當前，他也會英勇奮戰到最後。如果團隊裡有沙悟淨這樣的人，他還會是一個浮躁淨化器，每次大師兄和二師兄有爭端，都是這個和平主義者前來勸架。

極少抱怨

綠色性格的人很少抱怨或發脾氣，即使他心裡有些不滿，也很難被人看出來，遇到粗心的人，那就更渾然不覺了。換句話說，因為他們脾氣太好了，即便是鬧情緒，也不驚天動地，需要別人用心感受、細心體會才會察覺得到。當然也不排除這種情況，綠色性格的人幾十年都沒生氣過，一旦生氣就會像火山爆發一樣，一發不可收拾。

再看沙悟淨。師徒四人中誰最隨和？當然是沙悟淨。他從來不跟任何人爭搶，也不跟任何人爭吵，不到萬不得已，也不會去打架。另外，他極少抱怨，記得有一次，當師父又被妖怪抓走，豬八戒說：「算了，反正師父不是被蒸了，就是被煮了，要不然就是被拉去成親了，師弟我們乾脆分行李走人吧！我回我的高老莊，你回你的流沙河。」這時，沙悟淨生氣地說：「二師兄，每次師父出事，你不思考該如何救師父，就只想著分行李。」這勉強算是他的一次抱怨。如果不是大敵當前，被豬八戒多次的這種表現逼急了，他也不會這麼說的，畢竟豬八戒是他的師兄，脾氣好的人就是這樣。

不急不躁

綠色性格的人是最能沉得住氣的人 —— 即便在著急的時候 —— 因此常被認為是最有城府的人。說他們把自己「藏」得很深，不如說他就是不急不躁、不外露的狀態，他也是最能耐得住寂寞的人。很多朋友認為自己也很會享受寂寞，是不是也是綠色性格的人？紅、黃性格的人偶爾寂寞一下還可以，但日子久了就受不了了。綠色性格的女性當家庭主婦就會很享受；但紅色和黃色性格的人當家庭主婦，日子久了就會耐不住寂寞，因為紅、黃性格的人都是喜歡人群的。

再來看沙悟淨。四個人中，最沉得住氣的肯定是沙悟淨，感覺最有城府的人也非他莫屬。他的基本狀態就是慢條斯理，那他會不會急呢？當然會！打妖怪的時候，揮動武器的速度比別人慢半拍，那早就被犧牲了！他能夠變得快速，只是在非常需要他快速的時候。但總體來說，他是很少著急的。在外向性格的人眼裡，沙悟淨一定很寂寞，活得沒有生氣。這其實是杞人憂天，他們自己樂在其中！

和諧為本

綠色性格的人最在乎和諧，挑撥事端的作為向來為他所不屑。如果他是畫家，可能會喜歡用相同類色來表現畫面；如果去買衣服，他幾乎不會買大紅大綠的色彩，溫暖、清淡點的顏色更容易被他接受；如果在人群裡出現什麼不和諧的「音符」，那一定不是綠色性格的人發出的，而如果真是他不小心發出的，他會比一般人尷尬很多。他很看重關係，周圍人物之間的關係和諧與否是他最關心的。

再來看沙悟淨。沙悟淨能在不知不覺中跟團隊裡的其他人保持和諧的關係，也能夠溫和地對待團隊裡的每一個人，他既能接納紅色性格的孫悟空；也能跟黃色性格的豬八戒相處；更能跟藍色性格的師父自然相隨。孫悟空整天跟豬八戒打鬧，卻從不找沙悟淨的麻煩；而豬八戒對孫悟空有那麼多的「不滿」，但跟沙悟淨卻從來不起爭端；唐僧這位領導者在沙悟淨面前，從來不用什麼命令和指揮。沙悟淨是唐僧唯一沒有批評過的徒弟，也是最讓他放心的徒弟。

甘於做幕後工作

不是所有的人都能做幕後工作，那些「衝殺」在前的人總是受到更多關注，他們認為要得到快速發展的機會，就要勇於打頭陣，更多的榮耀也都給了這些人，所以很多人都喜歡做「臺前」工作。可是一個人在臺前演唱，後臺要很多人為他服務，音響、燈光、化妝、服裝、樂手等，而能夠在後臺很平靜、很享受地工作，甘於奉獻的人，莫過於綠色性格的人了。綠色性格的人透過後天歷練，也能享受臺前，但就本性而言，他們不願意置身於眾目睽睽之下，會靦腆、緊張與不安。他們不善於一對多，一對一還好一點，但如果面對的是陌生的環境，或陌生的人，他們是需要花時間

來適應的，無法像豬八戒那樣開朗熱絡。

再來看沙悟淨。出風頭的事都讓孫悟空占盡了，豬八戒也是喜歡站在臺前的人，而沙悟淨總是默默地挑著擔子，照顧白龍馬，從不急於表現自己。這也許跟他的身分有關，畢竟他是最小的師弟，所以我們看到的他總是跟隨者，更重要的是，我們沒有發現他有任何不安分的跡象，其實他很享受這種當配角的日子。由於他羞於表現、甘於奉獻的性格特點，所以做幕後工作也是他最舒服的一種狀態。如果大家都認為工作沒有高低貴賤之分，那麼臺前、臺後其實一樣重要！

▌綠色性格者的成長空間

人無完人，性格有好的一面，也一定有需要改善的一面。做自己是舒服的，也是最容易做出成績的。但環境又常向我們提出不同的要求：緊急的事務，需要拿出快速的決斷能力；去見陌生的客戶，必須拿出「熱情」……等，所以必須適應環境。如果需要改變，希望也不會是強迫性、被動性地改造。如果綠色性格的人當兵，來到了軍營，他會有意識地化慢為快，如果有所變化，那帶來的就是成就感。

有關速度

在人群中，綠色性格的人是慢節奏的，能慢就一定不快，上班不遲到就好，他們無法理解那些提前二十分鐘就到的人。在團隊執行任務的過程中，要意識到自己這個特點，在需要的時候，盡量跟主流接軌，跟多數人保持一致。畢竟生活中有需要快節奏的時候，當他們可以再稍微快點時，就會發現自己的能力也更擴展了，整個人生風景都會相應地被擴展。其實在生活中，大多數綠色性格的人，都在被環境改善著。比如，對付應急事

件必須快速；跟隨快節奏的人生活也會受影響；孩子也會提出很多「快」的要求；工作中更會有加快節奏的要求。儘管如此，慢慢來還是最讓他們舒服的狀態，本然性格會指引他們盡量緩慢而有節奏地達成願望。所以，只要不過分，那就不是問題。

來看沙悟淨。師徒四人中，他和唐僧都是慢節奏的，但他比唐僧更慢一些。既然是性格決定，我們也不必非評論好壞，還是要看用得對不對、是不是時候。當孫悟空有莽撞之舉時，他如果能快速地站出來，或幫孫悟空說服唐僧，或幫師父說服孫悟空，那會怎樣呢？或沙悟淨也知道自己說服別人的力量是有限的，還不如做好自己的本職，最起碼別增加麻煩。有時候不增加麻煩確實是最合時宜的表現。

有關和氣

綠色性格的人脾氣好，很少把自己的主張強壓於人。他們很少提出自己的意見和主張，這會制約他們短時間內成為有影響力的人物。而一個在團隊中缺乏影響力的人，很容易被忽視，即使有很多好的機會，別人也會最後才考慮到他，甚至大家會覺得他是可以被忽視的 —— 因為忽視了也沒關係，反正他脾氣好，不會怎樣！其實什麼事情都有一個限度，脾氣太好，會帶來誤解。比如好脾氣的人，較趨向懦弱，是隨便都可以被人捏的「軟柿子」，是老好人、沒原則的……當然，也有另一句話用來破解這個狀況，那就是日久見人心。日子久了，周圍的人就會從他身上懂得「牙齒雖硬，早早就掉光；舌頭雖軟，卻能堅持到最後。」所以還是要看綠色性格的人自己如何理解，是否願意有多大程度的改變。有時候跟綠色性格的人討論問題，討論很久都沒有得到結果。他們更習慣於服從，口頭禪就是「隨便」、「都可以」，在家裡也很少提出自己的觀點，他們肯定不做會得

罪人的事，總是扮演跟隨者的角色，而紅色性格的人就不一樣了。我們發現，在很多家庭裡，兄弟姐妹中最有威望的不一定是老大，而往往是那些紅色性格的人。

再來看沙悟淨。四個人中最容易被忽視的就是沙悟淨了，他總是坐在最旁邊，走在最後面，所有的話都被兩個外向性格的師兄說盡了，他只能當觀眾和聽眾，永遠是配角。如果孫悟空是最小的師弟，他也不會放棄說話和做決定的衝動，對很多事情仍然也會抱持「非說不可」、「非做不可」的態度，這是由他的性格決定的。

有關被動

綠色性格的人不善於主動，他不確定對方到底需不需要他的主動，也不好意思問。於是，他常常沒有主動的意識，有時想到了，還會猶豫不決。他是最善良的人，很怕給別人帶來麻煩，他會盡可能地把主動權讓給你。可是如果過分謙讓，就會被人 —— 尤其是被家人 —— 稱為「超級懶人」。生活中要看自己處在什麼樣的環境，萬一環境對你的「主動」有需要呢？那出於責任，或出於愛，都要意識到這一點；或者對方理解你的作法，而放下一些要求，那也是很好的。

再來看沙悟淨。他很少迎合二位師兄的積極熱情，甚至會看不慣二師兄的過分熱情，嫌他話太多、在女孩子面前不矜持，也極少參與二位師兄的鬥嘴中。他自己一人也悠閒自得，不是典型樂群的人。我們想像一下，如果師兄不在時，他主動地多站出來幾次，師父被搶走的情況會不會少發生一點？如果他再主動一點，團隊之間的交流與討論會不會更多一些？這麼說也許對沙悟淨的要求太高了，因為我們看到他們之間的相處與合作還是很和諧的。看來大師兄、二師兄也是寬容他、理解他的。

第三章
外向性格孩子的因材施教

父母都渴望孩子健康成長。外向性格的孩子該如何教育才是最合適的？每個人都有先天本性難移的那部分性格存在。父母往往都有希望孩子變成「這樣」，不要變成「那樣」的理想或憧憬。我們的期望越高，培養時往往就會越用力。用力的時候，有多少是依照父母的性格來的？又有多少是關照孩子的性格來的？有些父母在教育有心無力時，會在無奈中加入控制與壓迫，無暇顧及孩子本性難移的那部分性格，也許父母本來對孩子的本然性格了解就不多，這下就更雪上加霜了。孩子難移的本性是什麼樣子？該站在養育中的哪個位置？本性難移裡面蘊含了怎樣的優勢潛能？有關的因材施教、因勢利導；有關的良好個性、健全人格……可思考的話題有很多。

　　筆者在一本書裡看到摘錄自《聖經》的一段話：「要按照一個兒童應該走的道路去養育他，這樣當他長大成人時，才不會偏離他的本性。」從大的方向來說，每個人要走的道路是一樣的，比如，我們都希望孩子善良、勇敢，學業優秀……這些大的方向是一樣的，但是你會發現，他們生活在不同的家庭，接受不同的教育，有不同的經歷。因此，我們「要按照一個兒童應該走的道路去養育他」，那什麼才是他應該走的道路呢？其中一個很重要的因素，就是本然性格。外向和內向性格決定他不同的走路態勢，這個部分應該順勢而為，不要偏離他的本性（本然性格），如果要改善他的性格，也應該在這先天性格的基礎上去改善。

　　先來說說外向性格的孩子。外向性格指的是紅色性格和黃色性格。外向性格的孩子需要更多的發揮空間，因為他喜歡表達自己，喜歡生活在人群裡，享受人與人之間的互動。因為年紀小，表現出的水準有限，需要大人們給予充分的理解、支持和幫助。這個時期如果沒有給予足夠溫暖的指導，而過分嚴格要求，會使他戴著假面具生活，以討取大人們的認可。可

憐的是，他並沒有做錯什麼，只是性格使然罷了，萬一他的養育者恰好喜歡穩重、內斂的性格，也許就在關係中埋下了苦楚的種子。比如媽媽就是喜歡文靜聽話的二寶，那個嘴巴不停、精力充沛的大寶只會讓她疲憊不堪。我們想像一下，父母和孩子長年累月地生活在性格的衝突中，不知道該如何做調整，災難深重的應該是孩子。

外向性格的孩子活潑開朗、陽光燦爛，陰霾不會在他身邊久留。通常他的動手能力很強，可以更快速地學會操作。他會主動交往，有較好的合作能力。在學校，他是班上的積極分子。有他在的時候，團體裡的氛圍就會朝氣蓬勃、充滿活力。他是老師的小助手、點子大王，是良好班風的倡導者和積極推動者，跟這樣的孩子在一起，總覺得時間過得太快！

紅色性格的孩子該如何養育

紅色性格的孩子很好辨認。他們很有主見，知道自己想要什麼，脾氣倔強，自己想不通的事，別人很難說服他。他從小就非常有主見，一旦認定要達成的目標，九頭牛也拉不回來。跟朋友們在一起，他很容易成為孩子王，或者說，很容易得到朋友們的重視和器重，不知不覺就成為領頭羊。他從小就是班上能力很強的孩子，願意為朋友排憂解難、熱情助人、慷慨大方；不嬌氣、不愛哭、不扭捏、不矯情；不輕易氣餒、不輕易屈服；膽子大，不知道什麼叫害怕；我行我素，在陌生人面前也是大大方方、自然表達。所以他在大人那裡，也會得到更多的機會。紅色性格的孩子會很考驗父母的耐心，因為他急性子，急於得到答案。大部分孩子青春期才叛逆，而紅色性格的孩子，從小就叛逆，因為他堅定地認為自己是對的，那些不認可他、不理解他、不服從他的人，都可以成為他叛逆的理由。以下為案例分享。

有一次，我在超市看到一個紅色性格的孩子，大概 5 歲左右。後來我了解，他跟媽媽之前就約定好了。出門前，媽媽對兒子說：「今天媽媽帶你去超市，你可以買一樣玩具，記得，只能買一樣！」紅色性格的兒子點頭說：「知道了。」於是兩人出門了。到了超市，媽媽在低頭挑東西，過了一會兒，轉頭一看，天啊！這個小不點懷裡已經抱了一大堆玩具了，然後就站在那裡，拿出一副對抗的架勢：「媽媽，我全都要！」媽媽說：「我們不是說好了嗎？只能買一樣，你怎麼拿這麼多啊？」

　　「都喜歡，我都要！」

　　「不行，說話要算話，只能買一樣。」媽媽教育他。

　　「不行！我都要！」小孩堅持。

　　「怎麼可以說話不算話呢？」媽媽繼續耐心地勸說。

　　「不行，我就要！」

　　「你這樣將來絕對會吃虧！我不能養成你這個壞毛病，說好只能買一樣，就只買一樣！」這時周圍已經有些顧客把目光投向這裡了。

　　「我都要！」

　　「你要嗎？我不幫你付錢，我走了。」媽媽的耐心已經開始喪失。

　　孩子哇的一聲就哭了，5 歲左右的孩子還缺乏理性，他想用哭迫使媽媽妥協。他一哭，媽媽著急了。這個媽媽也是急性子，看周圍那麼多人，恨不得走過去摀住他的嘴，但媽媽也不好發脾氣。小孩一看媽媽有投降的可能性，就愈演愈烈，撲通一下坐在地上大聲地哭喊，兩條腿還在地上踢來踢去。媽媽無奈地請服務生過來，說：「不好意思，麻煩你把東西都放回原處。」然後滿臉怒容地拖著兒子走了。

　　首先，我覺得這位媽媽帶孩子離開現場的做法是對的。這是公共場

所，很封閉，孩子在這裡大喊大哭很不好，所以應該帶他先離開現場。但是我猜想這位媽媽離開現場後，肯定是暴打孩子一頓。孩子挨了一頓揍，下次就一定會改正嗎？捫心自問，大人打孩子，有多少是在教育孩子，有多少是在應付自己的情緒呢？打一頓的結果，孩子可能嘴上說不敢了，但下次再進超市，又回到老樣子。以後你還敢帶他去超市嗎？

面對紅色性格的孩子，身為父母，我們可以做些什麼呢？

▌要給紅色性格的孩子一定的職責和決定空間

面對紅色性格的孩子，去超市也好，在家裡也罷，要給他一些職責。也就是說，必須要給他事情做，不能讓他閒著。用一些事情消耗他旺盛的精力，放太開他就會把一大堆玩具抱在懷裡，或做出你意想不到的事情。所以，帶孩子出去的時候，最好一直牽著他的手，邊走邊說話：「我們買哪個好呀？」「我們一起來挑選好不好？今天買東西，你要當媽媽的小幫手，你來幫媽媽挑選好不好？」讓孩子來決定一些事情，比如無大礙的東西，只要不影響原則，就讓他做主，這樣還會讓孩子很有成就感。

比如，媽媽說：「我們要買手帕，你覺得買哪個顏色好呢？快來幫媽媽！」孩子感到被尊重，自己的意見很重要，就會很開心地配合：「那買藍色。」這時媽媽可以引導他：「為什麼買藍色啊？」孩子就會發表自己的意見，這樣親子關係就會更加和諧。總之，你別讓他閒著，如果你不給他事情做，他一定會自己去找事情，等他把事做好了，你再來處理，可就被動了。

紅色性格的孩子思維活躍，敢作敢為，所以如果採取放任的方式，他什麼都不怕，什麼禍都敢闖。雖然不是對所有的孩子都要嚴加管教，但對紅色性格的孩子來說，適當的嚴格教育是必要的。

▎對紅色性格的孩子，一定要建立規則，並且嚴格遵照執行

　　媽媽不能帶孩子趕快逛完趕快離開，紅色性格的孩子是絕對不會配合的，他們反而會找你麻煩。紅色性格的孩子在小的時候是最難帶的，因為他們會不斷跟媽媽要求：「媽媽我們去這裡吧；媽媽我要那個東西；媽媽快來；媽媽我們做這個吧；媽媽為什麼……」

　　我們設想一下，如果在超市，媽媽一看孩子又哭又鬧，就沒輒了，說：「那好吧！我妥協一下。」於是就會有這樣的對話：

　　「買兩樣可以嗎？」媽媽說。

　　「不行！不行！」紅色性格的孩子會「欺負」準備妥協的大人。

　　「那媽媽告訴你，最多只能買三樣，要不然我就走了！」

　　孩子心想，三個玩具已經很不錯了，也許暫時會答應。表面看來是息事寧人，但可怕的後果已經埋下了。以後再帶孩子到超市或商店，他會故伎重演。說紅色性格的孩子會欺負大人，一點也不為過，如果大人沒有原則，又容易妥協，他一定會「欺負」大人。因為紅色性格的人常常很強勢，從小就強勢，當大人妥協時，他一定會見縫插針，把你變成弱者。一旦你變弱，他就變得更加強勢了。只要你給他機會，他就一定會讓自己強大起來。所以面對紅色性格的孩子，父母必須建立規則，且嚴格執行。

　　比如，今天事先建立了規則，可以買一個玩具，說買一個，就只能買一個！如果今天要了一大堆，違反了規則，怎麼辦？上面案例中的媽媽就做得很對，先帶孩子離開現場，絕對不買兩個給他。

▌從小就要學會依靠紅色性格的孩子

這一點是很多父母無法理解的。應該是要讓孩子依靠我們，哪有要我們去依靠孩子的？尤其是低齡兒童。但是對紅色性格的孩子來說，從小就要給他們一種被依賴的感覺。因為紅色性格的人，從骨子裡就是頂天立地、強而有力的；是勇敢、好強、高大的！這個時候，要讓他們感覺到你在依賴他們，沒有他們，事情就不會做得那麼好。比如，逛超市時，你可以說：「幸虧今天媽媽帶你來了。」、「兒子，有你真好。」、「你能幫媽媽提東西了，太能幹了啊！」

如果媽媽給紅色性格的孩子這種感覺，接下來他們就會表現得更加出色，這是他們內心需要的，希望別人對他們有依賴感。我們要給孩子內心真正需要的東西，做父母的要知道該在哪裡迎合孩子。孩子們長大以後，父母就會發現，紅色性格的孩子確實最能給父母結實的臂膀。同樣是孝順的孩子，別的孩子會覺得很有壓力，對父母的這份依賴，有很多擔心，甚至會感覺疲憊，但是再難，他們也會扛起來，做個孝順的好孩子。相比之下，紅色性格的孩子能量就更大一點，更輕鬆一些，甚至會覺得，有父母和家人的依賴是一種享受；是一種認可；是一種驕傲；是他們被需要的價值展現。

▌要給紅色性格的孩子一定的情緒空間

通常，紅色性格的孩子表現出來的都是壞脾氣，他們會用哭來表達情緒。你看孫悟空是不是常常很著急？師父不聽他的，他會生氣；妖怪會惹他生氣；連豬八戒也經常讓他生氣。如果不是生氣、著急，他怎麼會把師父扔下，跑回花果山呢？

對紅色性格的孩子，父母要給他們一定的情緒空間，允許他們發脾氣。當他們發脾氣時，你不要著急，不要焦慮，盡量讓他們發洩，因為那是他們的需要，是自我發洩情緒的一種方法。在前面的案例中，對這個紅色性格的孩子，就需要給他一個情緒空間，他要哭，就帶他出去。但是帶出去不是暴打一頓，而是要蹲下來，繼續告訴他：「今天這個玩具是一定不可以多買的，只能買一樣，因為這是我們在家就約定好的，約定好的事情，就要說話算話。等一下我們還會回到超市，只買一個可以嗎？」如果他說：「不行，我就要！媽媽，那些玩具我都很喜歡！」這時，媽媽要繼續堅持原則，只同意買一個。於是，紅色性格的孩子就會又哭又鬧，他哭的時候你要做什麼呢？給他一個情緒空間！你只要專注地、默默地看著他哭，甚至嘴角可以帶一點點微笑。

　　專注地看著他哭，這個表情是在告訴他：兒子，你哭吧！我知道你哭是有道理的，我給你一些時間，盡情地哭吧！嘴角的一點點微笑，表示媽媽理解你的願望，但我們還是要堅持原則。孩子哭夠了，看媽媽沒有妥協的意思，就不哭了，他知道媽媽不是那麼好「欺負」的了。這時你再說：「我們還可以再去超市買玩具，但還是原來的規定，只能買一樣，好嗎？」也許紅色性格的孩子還會嚷著：「不行不行！那些玩具確實很漂亮！我就是想要！」也許他還會繼續哭，那媽媽該怎麼辦？請繼續微笑、專注地看著他，直到他一點辦法都沒有。如果他還不依不饒，那你就不吭聲，繼續淡淡微笑著看他鬧脾氣，直到他覺得沒有辦法了，覺得媽媽是不可能妥協的，他就會妥協了。他因為太想占上風，才會用哭來威脅家長，一旦他覺得自己占不了上風，就會偃旗息鼓。對紅色性格的孩子就得這樣。

　　於是，就會有這樣的場景：

「決定好了嗎？只買一樣可以嗎？」

「那好吧！我要自己挑。」

「好的，你真的只要一樣嗎？」

「真的。」

「只買一樣？」

「只買一樣。」

「還會哭嗎？」

「不會哭了。」

「真的不會哭了？」

「真的不會哭了。」

「好孩子，來，媽媽抱一下。」

「那我們現在就去挑選吧……」

這個案例最重要的一點就是 —— 按照規則行事，這樣的解決方法既沒有傷害孩子，媽媽也沒有生氣，還為以後的教育鋪平了道路。主要依據的是什麼？就是孩子的性格特點，這是「順性管理」的思路。

最後，在日常生活中，我們還要幫助紅色性格的孩子放慢節奏。他們的節奏太快了，從小就比別人快，甚至會比大人快，要有意識地讓他們知道，人有的時候是可以慢下來的。慢下來的時候，思考會更全面、更穩妥。教他們遇到事情時，不要急於做決定，三思而後行。他快，你就有意識地慢，像剛才這個案例中的媽媽一樣，一定要慢下來。你急著哭、急著買，那我就不著急了。這時孩子也會跟著慢下來。

黃色性格的孩子該如何養育

　　首先，黃色性格的孩子非常好辨認，他們坐不住，像屁股上有蟲一樣，扭過來扭過去。黃色性格的孩子聽老師講課，只要聽懂了，他們立刻就會跑出去玩了，不會像藍色性格的孩子，即使聽懂了，還會繼續安靜地坐著。這是他們的性格使然，紅色性格的孩子學會了，也會坐不住，但是黃色性格的孩子淘氣度更高，他們的小動作最多，閒不下來。這樣的孩子是過動症（ADHD）嗎？不是！在多年的個案諮詢中，我接觸到不少這樣的孩子，被誤認為是過動症患者，其實他們就是黃色性格的孩子！

　　有一個例子如下：

　　有一對雙胞胎兄弟，大林和小林，媽媽帶他們來找我做諮詢。這對雙胞胎男孩都才上小學二年級。大林是藍色性格的孩子，很乖、很安靜，尊重權威，通常老師說什麼就是什麼，功課很好，老師也很喜歡他。媽媽煩惱的是小林，小林功課也很好，但每次數學考試都考不到滿分。錯在哪裡呢？是因為粗心大意，粗心是黃色性格的一大特點，他們屬於粗線條。而藍色性格的哥哥大林正好相反，是謹慎、細膩、小心的類型。所以哥哥的存在，在客觀上總是襯托出弟弟的淘氣、粗心……。

　　媽媽還經常聽到老師「告狀」：「你們家小林自己不聽課，還打擾別人，上課的時候很愛插嘴。那天我問了一個問題，說舉手發言，小林把手舉得最高，還來回搖晃！一點坐相都沒有，我就不叫他，因為我知道，他回答問題經常丟三落四。可是，我不叫他還不行，他喊：『老師叫我，我知道！』沒辦法了，就叫他起來回答，我還提醒他，這個問題要從兩個方面來回答。小林大聲地回答完後就坐下了，等著我表揚。可是，周圍的同學都在笑他，他不解地問：『你們為什麼笑我？』鄰桌說：『老師說了，

分兩個方面回答，你才回答一個方面，怎麼就坐下了？』小林嘟囔著說：『那……那我就只想起一個方面。』我哭笑不得，總共兩個方面，你才回答出一個，就敢把手舉成這樣！」

上面這位老師，之所以會被小林惹生氣，甚至以後都不太願意再叫他回答問題，是因為他並不了解小林的性格。孩子這麼做，是他的性格使然，請不要跟他生氣，他不是故意搗亂，也不是故意忘掉，因為這就是他。所以在這個問題上，對他就不要要求太嚴格，因為這個老師不了解孩子的性格，就批評小林：「以後想清楚再舉手。」結果，黃色性格的小林大膽而積極發言的舉動，不僅沒有受到肯定，反而被打擊了聽課的積極度。

期末考完，家長會結束後，老師走到小林媽媽身邊，又「告狀」：「你看，小林考試也沒大林考得好，而且課堂紀律尤其不好，最近又把小軍的筆弄斷了，還跟小軍打架。」媽媽很生氣，回到家就對小林說：「立正，站好！」開始教訓小林。其中有一句話讓小林生氣了：「你就是不如哥哥，什麼時候能像你哥哥那樣，我就安心了！」

小林一下子就爆發了：「媽媽，妳每次都說大林好，乾脆妳不要我算了！」其實，孩子們最怕比較，這跟性格沒有關係，紅、黃、藍、綠所有性格的孩子，都不希望你拿他跟其他人比。小林非常生氣，而且媽媽的話是導火線，把這麼長時間以來對大人的不滿全部爆發出來。結果這個孩子像瘋了一樣，跑到媽媽面前，小拳頭像雨點般打在媽媽身上，然後轉過身去，把他桌子上所有的東西都丟到地上，又跑到哥哥的床邊，把他的床單全掀起來，把哥哥桌子上的東西也全都弄到地上。媽媽害怕了，說這個孩子是不是瘋了，於是找我做諮詢。

小林是怎麼了？其實小林一點問題都沒有，媽媽由於不懂孩子性格的特點，才造成這樣的後果。小林是一個典型黃色性格的孩子，那麼，父母對黃色性格的孩子能做些什麼呢？

▌要經常描述他的長處

對黃色性格的孩子，要經常描述他們的長處。但不管是什麼顏色性格的孩子，只給予稱讚是不夠的，或稱讚的方法不合適，也是不行的。對黃色性格的孩子來說，不是簡單的一句表揚就能完事，要經常描述他們的長處，且最好在人多的時候。我問這位母親：「您做過嗎？」母親：「沒有。」缺點都描述不過來呢！怎麼會描述優點呢？

受到稱讚是小林內心一個很強烈的願望，所有的孩子都需要表揚，但是紅、黃、藍、綠四種性格的孩子相較而言，最需要表揚的是黃色性格的孩子。恰好生活中誰都不去表揚他們，都只看到他們的淘氣。我經舉這個例子：

有一棵蘋果樹，樹上結滿又紅又大的蘋果。這時一個媽媽走過來說：「哇！多美啊！這麼多漂亮的蘋果，又大、又紅、又鮮亮，真好！」而另外一個母親走過來，往樹上一看，說：「哎？那個蘋果怎麼回事？都有黑點了，你看到了嗎？怎麼還不把它摘下來？」

現實中就有這樣的母親。在孩子面前，她會覺得我的孩子太好了，這也好，那也好，怎麼看都順眼，滿樹的好「蘋果」！首先樹立這樣的心態。然後再說：「哎！這個蘋果有一個黑點，你注意到了嗎？要小心啊！」這就是看到了缺點。而有的父母，一直挑孩子毛病：「你這是怎麼回事？你這點不好啊！要馬上改正！」差別就在這裡，有的父母以提出孩子優點為主，

有的父母以提出孩子缺點為主，甚至有的父母會只說缺點，不說優點。

在華人的傳統文化中，很多父母都喜歡這樣說：「我是為你好，所以我會先把缺點說給你聽，讓你知道自己哪裡不好，趕快改正，你就會更好，我是愛你才會這麼說。」但是那些優點呢？沒有說。你要是不說出來，孩子怎麼會知道自己的長處？所以，要經常當眾描述他們的優點，尤其是黃色性格的孩子。

要讓黃色性格的孩子感受到愛

黃色性格的孩子是感受型的，如果你想要他們感受到你的愛，光說出來還不夠，給眼神也不夠，還要經常去抱一抱他們，拍拍他們的小臉，握握他們的小手。這樣他們才能感受到媽媽真的很愛自己，在媽媽的懷抱裡真好。還有一個很重要的原則，就是要把愛說出來、說給孩子聽：「媽媽愛你，你是媽媽的好孩子」、「一天沒見到你了，媽媽好想你啊……」

通常老師和同學很難和孩子有這樣的親密接觸，也很難說出這麼甜蜜的話語，只有父母才有條件做到這些，只可惜小林的媽媽不懂。造成小林的感受是：媽媽把愛都給大林了。他感受不到媽媽喜歡他，因為他對喜歡的認定就是：經常誇讚，描述長處，親密地抱在懷裡，拍拍小臉。接受愛也是一種能力，如果從小這個孩子就接受不到愛，長大後他也不會接受別人給予正常的愛。而早期學習一定是父母親給的，在給予中學會了接受，這對人一生來說，都是至關重要的。

▎在整齊劃一的問題上對黃色性格的孩子要求不要太嚴格

　　對黃色性格的孩子，不要老是與比他們表現好的孩子做比較，一兩次沒關係，如果父母總是用這種方式教育孩子，孩子得不到認可，被貶低的感覺會讓他們很生氣。年紀越小，越不懂得客觀地評價自己，小孩的自我評價往往來自養育者的評價。像小林，就特別不能拿他跟哥哥比，哥哥是藍色性格的孩子，如果同時讓黃色和藍色性格的孩子學習收拾桌子，並堅持一塵不染，黃色性格的孩子肯定比不過藍色性格的孩子。對桌子的整齊度，若藍色性格的孩子是一百分的話，那黃色性格孩子的八十分就相當於一百分了。性格不同，要求不同。他們各自優勢的側重點不同。

　　黃色性格的人很粗線條，他們特別不善於整齊劃一、把環境弄得井井有條。如果在這個問題上對他們要求特別高，超出他們的能力，他們會非常痛苦。爸爸媽媽可以從小就培養孩子整齊劃一的習慣，但是要求不要太高。如果你是一個藍色性格的媽媽，更要注意這一點。因為藍色性格的媽媽最講究整齊、最有條有理，她就更加看不慣黃色性格孩子的「亂糟糟」。所以，我們要先考慮孩子的性格特點，依照特點來養育他們，而不是以我們的喜好來要求孩子。

　　比如，書包是不是整齊、疊的被子是不是方方正正、自己的小桌面有沒有保持整潔……在這些問題上，只要沒有打擾到別人，家長和老師都可以認為是正常的，就不要管得太嚴格。如果他們真的影響到別人了，再去管也不遲，但也應該點到為止，不要太過苛責。拿藍色性格的優勢跟黃色性格的劣勢相比較，也不夠公平。也許對一天要管理幾十個孩子的老師來說，他更喜歡藍色性格孩子的安靜、守紀律、聽話……如果是這樣，父母就更應該多疼愛黃色性格的孩子，要知道，他在學校有多不容易、有多希望得到理解。

一定要給黃色性格的孩子安排足夠的娛樂時間和空間

紅、黃、藍、綠四種性格的人中，最愛玩的就是《還珠格格》裡小燕子那樣的孩子。不讓黃色性格的人玩可以嗎？他們一生都在玩。他們認為人生就是遊戲，遊戲就是人生。他們善於把很枯燥的事變成遊戲來做，把複雜的事情簡單化、娛樂化。這樣的人好不好呢？太好了！他們永遠都是孩子，黃色性格的人即使到了晚年，他們的生活也會比其他老人過得還好，因為他們永遠有興致玩，也特別會玩。他們的晚年生活會過得很充實、有情趣，這大大緩解了老年生活的孤獨感。可以說，玩是他們生命的需要。有的人是玩也行，不玩也行，或需要別人的帶動才會去玩，而那個帶動者通常就是黃色性格的人。

我們接著說黃色性格的孩子，像寫作業這樣的事，如果內向的孩子可以堅持半小時，那就得允許黃色性格的孩子寫二十分鐘就起來活動活動。一定要在接納他們的前提下，再說培養他們的好習慣。怎麼培養呢？先堅持寫二十分鐘，就允許他們起來活動，連續堅持二十天；然後堅持寫二十五分鐘再起來活動，連續堅持二十天；然後是三十分鐘……這樣漸進式地進行。二十天只是個數字，並不是一定要二十天，主要看孩子適應的情況而定具體的天數。父母要帶著溫暖鼓勵陪伴，其間根據孩子的年齡特點、性格特點來逐步調整和培養。另外，還要給黃色性格的孩子留更多的娛樂時間，不然他們很難堅持按照你的要求去做，說不定索性不寫作業就直接跑出去玩了。

其實好習慣的養成並不難，只是太多的父母存在以下三個問題：一是沒有好方法。養成習慣的方法很簡單，就是堅持，一般是二十天左右就能

大概養成，再鞏固一些時間就可以了。對黃色性格的孩子，一定要給他們足夠的空間，讓他們能有耐心堅持下來，否則他們會只知道玩，好習慣無從談起；二是急功近利，沒耐心，恨不得孩子在一夜之間把所有好習慣都養成，這當然是不現實的；三是缺乏意志力。所有的父母都知道該養成哪些好習慣，但實際上孩子保留下來的好習慣很少，一個重要原因是雙方都沒有毅力堅持。

一定要經常檢查黃色性格孩子做事的進度

前面我們說到，黃色性格的孩子玩性太大，做正事的時候，很難長時間堅持，所以需要不斷提醒他們：「作業寫完了沒有？還有多少？」「我們說好了九點休息啊！看好時間！」他們容易邊寫邊玩。忘性最大的是黃色性格的人，但他們不是有意忘了。

所有的父母都希望孩子改掉缺點，對黃色性格的孩子來說，想讓他們改正缺點，有一個最簡單、最容易的方法，就是「表揚他們」。比如他們寫作業很潦草，你可以說：「我覺得你今天的作業比以前工整了一些啊！」其實一點都不工整，但你就這樣說，千萬不要責備他們。這樣你很可能會驚奇地發現，接下來的一段時間裡，孩子的作業寫得越來越好。這時候，你還可以接著說：「誰說我兒子作業寫得不工整？看起來比以前工整多了，寫得好，有進步！看看這個字……還有這個字……橫平豎直，這些字在田字格中的位置很正確，真好看！」黃色性格的孩子就是這樣，只要你表揚他們，他們一定會跟著表揚走。黃色性格的孩子更適合賞識教育。

但並不是所有的孩子都一樣，比如紅色性格的孩子就很倔強，不用表揚他們，他們也會認為自己是最好的。對他們來說，表揚也行，但不依

戀。對紅色性格的孩子，需要用激將法：「這個作業寫得還可以，你的字也就這樣了。」越這麼說，紅色性格的孩子越會寫得工整！對黃色性格的孩子，千萬不要用這樣的方法。所以說，不同的孩子要區別對待。當然，表揚要有限度，還要根據黃色性格的孩子受表揚後的各種反饋，適度調整。表揚過度，至少會造成兩種情況：一是得了表揚依賴症；二是表揚無用症。

第四章
內向性格孩子的因材施教

先天的這部分性格在孩子小的時候就可以看出來，而且年紀越小，性格使然的機率越大，也越好辨認。等年紀大了，就有了性別使然、角色使然、道德使然等。如果說性格可以決定命運，那麼性格一定是從小就開始在孩子身上發揮作用的，而且貫穿整個生命，在很大程度上，決定著他們的思維模式和行為模式。

我在一本書上看到來自《聖經》的一段話：「請調整你對孩子的養育方式，使它適應孩子天生的發展模式，這樣當他逐漸成熟時，就不會背離他天生的生命模式。」

原來，每個人都有自己天生的生命模式。我理解的「天生的生命模式」，裡面很重要的就是指本性難移的那部分性格。

這份本然性格引領我們走完自己一生的路，我走路的姿勢和你走路的姿勢一定是不同的，從這個意義上來說，我們就更加有理由來了解一下本性難移到底是怎麼回事，它是如何影響孩子的，我們該如何依照孩子的天性去養育他們、陪伴他們。性格不同，教育方法一定有所不同，第三章我們講到了如何與外向性格的孩子相處，本章來談一談與內向孩子相處的要點。

內向性格的孩子指的是藍色性格和綠色性格的孩子。內向性格的孩子需要更多的關注，因為他們不習慣表達自己，周圍人需要細心一些才能感受到他們需要什麼。所以對內向性格的孩子，就需要更細心、認真地感受他們、聆聽他們。如果父母也是內向性格的話，那他們之間理解起來就會更容易一些。而外向性格的父母，更需要用心，如果能蹲下看孩子，多給孩子一些時間就更好了。

內向性格的孩子，其動腦能力大於動手能力，相對外向性格的孩子來

說，他們是穩重、內斂的，心裡藏得住祕密。好動與瘋玩是所有孩子都會有的，只是相比之下，內向的孩子更能快速安靜下來，也能較長時間保持安靜，這使他們可以不厭其煩地思考問題。如果有引導和帶動，他們會表現得更好，因為他們的積極度和主動性不怎麼外露，需要了解和發現。在學校，他們是相對很聽話的，會嚴格按照老師的要求去做。他們說話可以很婉轉，但由於年紀小，不懂得婉轉，就會先不表達，只聽你說。你說對了，就跟你合作；沒說到他們的心裡，就會默默地堅持自己的主張。他們對那些直去直來的話很敏感，如果只是陳述事情沒關係，但如果是批評，當眾稱讚的話，就很容易讓他們拘謹，甚至臉紅。他們不張揚，更不會張狂，謙虛謹慎是他們的主旋律，也是他們受歡迎的重要因素。

藍色性格的孩子該如何養育

我們先來看一下藍色性格的孩子，他們屬於性格稍微內向的類型。藍色性格是敏感型的，很小的變化或細節都能被他們捕捉到，這使他們粗心大意的機率比外向孩子少很多，也使他們對知識的捕捉、對重點的捕捉都能更加迅速和準確。在學校，他們是最受老師喜歡的那類孩子，老師如果說這道題得用五個步驟完成，藍色性格的孩子就會乖乖地照五個步驟來完成，很少投機取巧。聽話也使得他們的基礎知識掌握得很牢固。藍色性格孩子的情緒是相對穩定的，課業成績也很穩定。如果他們對老師有意見，不會輕易地表現出來，只是心裡有數而已。外向性格的孩子就不同了，是否喜歡老師，他們都會立刻表現出來，老師也立刻就能看得出來。藍色性格的孩子會察言觀色，不做出頭鳥，不多話，也不多事，安分守己，是老師很放心的孩子。他們感情細膩，追求完美，喜歡安靜地遊戲，甚至

不喜歡被打擾，包括上課，他們也能夠安靜地長時間專注，寫作業也能坐得住。喜歡思索，這一思索，就把事情往深處思考了，再加上他們天生敏感，總會及時發現重點，這是他們很厲害的地方。對孩子優勢的喜愛也不要過度，往往太在乎優勢，反而會往反方向去。專注很好，但過度強調專注，則會影響他們的活潑和開放性；認真很好，但總是強調，則容易過度認真與刻板；小心謹慎很好，減少了犯錯的機率，但也容易變得膽小……等，性格真的是把雙刃劍。父母再愛孩子，也很難幫他做到完美無缺，只能帶著一顆平常心，了解他的本真，掌握分寸，讓他用自己最擅長的方法成就自己，智慧相助。舉個例子：

有一次我去幼兒園幫那裡的老師們講課，上午我提前到幼兒園去聽課。老師在上圖畫課，畫了一個大房子，旁邊有太陽、草坪之類的做點綴。然後發紙給小朋友們，讓他們自己畫。

小女孩婷婷（大概 4、5 歲的樣子）剛畫了一會兒，就舉起手來，老師走近她，她說：「我這個畫得不好。」於是又要了一張新的紙，開始重新畫。剛畫了一會兒，又不畫了，在那裡哭了起來。老師很緊張，有老師在後面聽課呢！妳哭什麼呀？

老師走過去，極力勸她不要哭出聲音來，其實我覺得這沒有關係，課堂上出現什麼樣的情況都是很正常的。為了安慰她，我就走過去，跟她一起蹲下來，說：「老師，別著急，沒關係的，問她怎麼回事。」於是，我們就問這個小朋友怎麼回事，為什麼哭呢？原來，第一張紙發下來以後，她覺得自己畫得不夠好，畫不下去了，越看越不好，就又跟老師要了一張紙，回來繼續畫，沒畫幾分鐘，又覺得畫得不好，如果再要求換張新的紙，就覺得不好意思了，而且也很生自己的氣，為什麼又沒畫好，就哭了。

我把她的第一張畫拿過來看，我說：「妳這間大房子不是畫得滿不錯的嗎？」

「不好！」

我說：「怎麼不好呢？」

「地平線不直……」婷婷邊哭邊說。其實地平線歪點也沒什麼關係，這不是問題，這樣畫下去完全可以。可是對一個藍色性格的孩子來說，這樣勸說是不行的。

我又把她的第二張畫打開，看起來也不錯啊！我說：「這張不是畫得滿不錯的嗎，地平線很直呀！為什麼不畫下去呢？」

「那個窗戶……畫得不像窗戶。」小女孩還哭得很傷心。

我說：「這滿像窗戶的。」

「沒有，就是不像……窗戶。」

後來我明白了，是因為窗戶這個田字格畫得不夠方正。藍色性格的孩子追求完美。我回頭一看，那個老師臉上很緊張的樣子，我對老師說：「不要緊的，不要生氣，也不要著急。小朋友從小就懂得追求完美，對自己的要求很嚴格，這是好事情。」

後來我說：「妳已經畫得很好了，窗戶稍微歪一點沒關係，只要能看出來是窗戶就可以了。」

「不好不好！不好嘛！」婷婷還在委屈地不依不饒。看來只是口頭上這樣勸說是不行的，她無法接受。

我說：「那妳跟我來。」

這時候已經有很多小朋友陸陸續續在交畫了。我就帶她到老師低矮的講桌前，我從這一堆畫裡面挑出三五張，有的畫得更加不像窗戶、有的地平線更加不直。我指給她看，說：「妳看看他們的窗戶和地平線……」你猜

婷婷怎麼了？噗哧一下就笑了。就在那一瞬間，一轉頭不理我了，一蹦一跳地跑開了。她這噗哧一笑，是在說：跟這些小朋友相比，原來我是完美的，很不錯的！

藍色性格的孩子一旦想通了，立刻就雲開霧散了。對這樣完美型藍色性格的孩子，該怎樣跟他們相處呢？

▌面對藍色性格的孩子，做父母的要粗線條一點

孩子追求完美，父母就別太完美；孩子是細線條，父母就要粗線條一些。因為藍色性格的孩子太細緻了，他們是注重細節的人，正由於太注意細節了，以至於看不到整個大局。就像上面案例中的婷婷，整體看來是房子就可以了，可是她會執著在細節上。所以，我們要注意的就是 —— 孩子細，父母就要粗。想像一下，如果孩子、大人都很細膩；都追求完美；都是過度認真的人，那會怎麼樣呢？很可能雙方都深陷痛苦而無法自拔。

藍色性格的孩子本身對自己的要求就很高、很嚴，本來就是一個活得很累的人，如果父母再用高標準去要求他們，只會加重他們的疲累。累得過頭了，就會形成焦慮。我去過很多學校講學，在小學和中學裡，可以看到不少孩子，因為達不到自己的標準而自責；因為達不到父母的要求而傷心；因為考不到好成績而焦慮。藍色性格的孩子絕對不是那種沒心沒肺的孩子，對他們的敏感、細膩，就是要粗線條地對待，從而使他們更加大氣，不妨讓他們多去看看周圍的人，或多看看外面的大世界，盡量別給他們鑽牛角尖的機會，教他們思考問題有一個遵循的方向，就是要在大局下考慮細節。

不要用憤怒的語調與他們對抗

上面的案例中，婷婷的老師做得很好，沒有粗聲大氣地跟她說話，而是耐心地詢問她發生了什麼事。對藍色性格的孩子大聲說話，很容易讓他們感覺被批評，他們臉皮很薄，也許被瞪一眼就會哭呢！如果是在家裡，爸爸媽媽說不定就會急了：「哭什麼哭？動不動就哭！怎麼這麼沒出息？快點做呀！哭有什麼用！」大人們一著急，一些狠話就會從嘴裡跳出來。對待藍色性格的孩子，不要用高聲調憤怒地與他們對抗。藍色性格的孩子是這樣的，如果你用高聲憤怒的語調跟他們對抗，他們立刻就不說話了，或者繼續哭自己的，容易把自己封閉，不再理會對方。如果是青春期的孩子，大人也這樣用高聲憤怒的語調與他們對抗，他們會立刻關閉房門，好幾天不再跟父母說話，而且以後有類似這樣的問題出現時，也絕對不再有探討的餘地和機會。他們是很敏感的，也特別懂得保護自己，你傷害他們一次，他們絕對不會給你機會傷害第二次。

婷婷就是這樣的孩子。所以對這樣的孩子，不要用高聲憤怒的語調對待她。她也是一個很好強的孩子，紅、黃、藍、綠四種性格的孩子都很強，只是他們強的方式不同。那麼藍色性格的孩子是怎麼強的呢？就是我們常說的，很固執。他們會默默地堅持自己的主張，除非能立刻說到他們的心坎上，使他們打開心扉，否則他們可以長久地默默無語，但內心依然牢記自己的主張。

對藍色性格的孩子依然要表揚

所有的孩子都需要受到肯定，藍色性格的孩子尤其需要，但是表揚的方式應該跟別的性格的孩子有所不同。我們前面說過，對黃色性格的孩子，可以當著眾人的面去描述他們的長處；紅色性格的孩子本來就以為自

己是最棒的，能得到你的承認就行；綠色性格的孩子，對他們點點頭、伸伸大拇指就很好了；而對藍色性格的孩子，表揚應該是溫和的，而不是大張旗鼓的，因為他們很害羞，臉皮很薄。還有很重要的一點，如果能夠表揚到細節部分，那就是藍色性格孩子最喜歡的，因為他們很注重細節，所以特別希望你能看到他們漂亮的細節。

比如，上面案例中說到的婷婷，我們可以這樣表揚她：「妳的地平線畫得很直，不信你跟別的小朋友比比看；窗戶稍微有點歪，但也沒關係，我們能清清楚楚地看出來這就是窗戶啊！」你要表揚到這種具體細節。如果籠統地說「畫得不錯」，她會找不到感覺，或者會以為你是在敷衍她。再比如媽媽問孩子：「你今天還好吧？」如果對方是藍色性格的孩子，就會認為你是在敷衍他們。一定要問到非常具體的細節，比如，今天在學校過得愉快嗎？有什麼好玩有趣的事情？最喜歡哪堂課？還記得王老師的經典句子嗎？這可能是藍色性格孩子想要的。要關注孩子，迎合他們的心理需求。

▌要引導藍色性格的孩子表達自己

藍色性格的孩子既不像外向性格的孩子那樣搶著說話，也不像綠色性格的孩子那樣極少說話，他們不主動、不表達，只做聽眾也沒問題。婷婷就是這種，她是內向型的，通常不太願意主動表達，只會在那裡哭，老師發現了，主動問她，她才開始表達。如果是外向性格的孩子，早就把手舉得高高的，或會大聲地叫老師，或乾脆跑到老師面前。對這樣含蓄的孩子，大人有時也很煩惱：「只是悶著不吭聲，或自己哭，有心事不願主動跟大人分享，如果真有什麼事，該怎麼辦呢？」面對這樣的情況，有的父母不理解，就急著訓導：「哭什麼？你倒是說話啊？」其實孩子就是這種性格，需要我們理解，理解他們以後，我們就不容易煩躁了。父母要主動關

照他們、走近他們。藍色性格的孩子有一個特點，如果父母給他們很大的安全感，他們是很願意表達的，他們的表達水準一點問題都沒有，只是能沉得住氣而已。

　　溝通是一種習慣，是從小就可以培養的。對內向性格的孩子，更要注重從小就不斷地跟他們說話，找更多的機會讓他們講話，鼓勵他們多參加班級集體活動，參加班級幹部競選、參加演講訓練班……等。有的父母不懂這一點，幫藍色性格的孩子報體育類、樂器類的班，這些班級當然也是對孩子有很多益處的，只是這些項目內容都是練得多、說得少，不利於孩子們的語言發展需要，常常是孩子某些方面的技能成就不小，但卻不會表達自己。父母應該意識到這一點，技能方面要培養，語言表達方面也要從孩提時期做起。

▋不要催藍色性格的孩子做決定

　　內向性格的人是被動的，像婷婷這樣的孩子，她的節奏會稍慢一點，所以她要做決定，一定是想清楚、想完整、想得完美了，她才會說出來。大人在幫助她解決問題的過程中，不管你多著急，不管你說了什麼，也不管你說了多久時間，如果沒有真正說服她，她是不會做決定的，她的「固執、倔強」也表現於此。所以最好不要催她，因為催也是沒有用的，她是不會配合的。婷婷對自己的作品不滿意，已經難受得哭了，老師的第一反應是這個孩子打亂了教學秩序，該怎麼應對呢？所以會很著急，就催促她趕快做決定：「別哭了，趕快告訴自己不要哭了。」藍色性格的孩子可不會理會這些，如果不能好好解決，她會一直哭下去，或一定要自己想清楚了，才會停止。最後，我讓她比較其他小朋友的作品，那些作品中的地平線更加不直、窗戶更加不方，但依然可以看出來是房子，是窗戶，於是

她立刻知道自己不是差勁的，就在那一瞬間，自己做了一個決定：我明白了，沒有哭的必要了。於是轉身蹦蹦跳跳地就走了。

有多少父母為孩子的成長付出畢生的心血，但成效不大，有個重要原因，就是對孩子的了解不夠，尤其是心理活動特點了解得不夠。這份了解並不難，難的是父母是否有足夠的時間陪伴，是否留給孩子足夠的耐心去發現。

綠色性格的孩子該如何養育

我們再來看綠色性格的孩子。綠色性格是前面我們講到的最內向、最不願意說話的一種性格，很多時候他們沒有說的欲望，但心裡明不明白呢？當然明白。他們跟別的孩子一樣聰明，但他們大部分時間是只看不說。心裡很明白，觀察力是最棒的，用一句俗話說，就是「啞巴吃餃子──心裡有數。」從另一個角度來說，從小注重語言發展訓練，就很有必要。綠色性格的孩子很溫暖，微笑的表情最多，與人為善，極少吵架和打架。他們可以長時間地自己玩耍，玩得津津有味，長大後是不會輕易焦慮的人。他們不願意給別人帶來困擾，自己的事情自己打理，是最不給父母找麻煩的孩子，非常暖心和貼心，他們在默默無聞中累積自己的智慧，喜歡幫助別人，有事找他們幫忙，他們會很樂意。他們有很強的容忍度，不爭、不搶，以不慍不火、穩重踏實的步調追求上進。

建議父母一定要從綠色性格孩子小的時候就與他建立一個習慣，就是堅持一段定期的「溫馨時光」，一週至少一次，每次時間可長可短。這個時間一定要以孩子為主角，父母可以全部參加，也可以一方參加，主要是來當聽眾。在這個「溫馨時光」裡，孩子想說什麼就說什麼，父母不可以批

判、批評、教導，更不可以指責，以後也絕對不可以拿這個時間裡的話來說嘴，要絕對保證孩子的安全，保證絕對的「溫馨時光」。孩子上小學的時候，堅持這樣做，會讓他們有極其安全的心理港灣。在這個時間，孩子知道自己是安全的，有什麼委屈可以在這個時間訴說。孩子對自己拿不准的事、對父母有什麼不滿、心裡有祕密、甚至自己在外做錯了什麼事，都可以勇於在這個時間訴說。也許孩子還小，你不覺得這麼做有什麼必要性，但如果一直堅持下去，直到青春期，孩子內心有話，就會願意跟你說了。為什麼？因為「溫馨時光」已經建立起來了。孩子越大，越有想法，有想法跟誰說呢？平常都沒有習慣說出來，突然有事要跟你說，他們根本說不出來！但是如果從小培養這樣的習慣，孩子就會明白，家裡有一個「溫馨時光」，自己可以在那個時間去表達。

孩子有很多不明白的事；有很多平常不敢說的事；有很多平常不好意思說的事，都可以在這個時候去說，因為他們知道這個時候是最安全的。這樣既能培養孩子的表達能力，同時又可以培養親子之間良好的溝通習慣。這一點對綠色性格的孩子更為重要。親子之間的溝通互動一定要從小開始，尤其是內向性格的孩子。外向性格的孩子，溝通能力不太令人擔心，比如黃色、紅色性格的孩子，你丟給他們一個問號，他們能說出一串話來。但對生來就不怎麼喜歡表達的綠色性格孩子來說，培養良好的溝通習慣就顯得尤為重要。當然，「溫馨時光」的做法也適合所有性格的孩子。

有個例子如下：

一個5歲的男孩叫點點，在一個星期天早上起來，媽媽加班不在家，只有他和爸爸在家，爸爸在屋外忙，點點就在自己的房間玩，他把所有的玩具都鼓搗出來，在地上認真擺放：這裡是他的家；這裡有他的家庭成員；

這裡有他的城堡，還有河流、山川，包括河裡的動物和山上的動物都擺出來……他簡直在製造一個他自己的地球！玩得高興得不得了！

　　突然，爸爸推門進來了：「點點，爸爸要去買菜，就在樓下，很快就會回來，你一個人在家待著。你怎麼把地上搞得這麼亂？你要幹嘛？煩死了！跟你說啊！今天你媽媽不在家，就我們兩個人，你可別給我找那麼多麻煩事！別讓我天天跟在你屁股後面收拾。趕快收乾淨！聽到沒有？快點啊！」爸爸邊走邊囑咐：「我跟你說，我買完菜一會兒就回來，你趕快把玩具收拾好。收拾好了去把昨天還沒畫完的畫繼續畫完，再寫一張書法，別忘了每天要寫一張書法的哦！點點可乖了。快收拾啊！」

　　爸爸邊說邊走，猜猜看這個綠色性格的孩子會怎麼樣？首先，他心裡會怎麼想？會舒服嗎？人家剛才還在自己的「地球」上頂天立地呢！突然爸爸發了一通號令。肯定不舒服，極其不舒服！那麼他會怎麼辦？他並不會跟爸爸頂嘴，但他也沒有把玩具收拾起來，而是像個小大人似的，背著手在屋裡走來走去，想發洩他的情緒，走過來又走過去，走到了爸爸的書房，結果想出一個發洩他情緒的辦法來。

　　原來，點點的爸爸有一個很大的書桌，上面放滿文房四寶，平常寫書法、畫畫都在這裡進行。由於今天的爸爸讓他討厭，於是點點就給了爸爸一個這樣的「回饋」：他把桌子上的文房四寶通通擺在地上，而且是整整齊齊地擺在地上……我們可想而知，爸爸回來後那驚訝和憤怒的表情。

　　我們再回過頭來看看這位爸爸在什麼地方做得不合適，令孩子做出這樣的舉動；思考一下綠色性格的孩子需要什麼樣的父母。

對綠色性格的孩子下指令速度不可以太快

　　點點是慢節奏的孩子，但爸爸沒有顧及這一點，發指令就像開機關槍，這對一個綠色性格的孩子來說，是很可怕的事情，他不是那種伶牙俐齒的孩子，語言來得較慢一些。於是，他只能默默地不去抵抗，但心裡肯定不滿意。所有的孩子都希望得到肯定，父母要下功夫去發現孩子那些值得肯定的地方。可是大人太忙了，總是急著下指令，不關注細節；不關注孩子的情緒；不關注孩子的心理變化；不關注孩子接受的速度，只是為了盡快解決問題，用大人的節奏去要求孩子。於是大人、孩子經常不在同一個頻道裡，這也是親子之間發生衝突的主要原因之一。而對綠色性格的小孩，父母更要蹲下來，仔細地詢問一番，然後再適時下指令。同時，下指令的語速不可太快，這樣就更適合綠色性格孩子的節奏了。

對綠色性格的孩子不可以同時下達好幾個指令

　　無論什麼性格，對小孩子來說，本身就不應該一次下達太多指令，孩子會無所適從，一旦他們覺得完成這些任務太難了，第一選擇就是放棄或逃避，這是小孩子面對困難的第一態度。那對綠色性格的孩子，就更不能一次性下若干指令了。因為綠色性格孩子的行為本來就很慢，他們做事情要一件一件來，一次下達太多指令，會讓孩子覺得任務不可能完成，或讓他們覺得完成任務的路漫漫，而且年紀越小，越不懂得為什麼非要去完成所謂的任務，孩子就更不會有熱情去完成，更沒有激情。再者，點點爸爸在下指令時的態度是急速、不耐煩的，這就更讓孩子有抗拒心理，覺得完成任務絕不是什麼好玩的事情，可能在爸爸的指令還沒下達完畢前，他就已經決定不會合作了。還有，點點正在快樂之中，欣賞自己的大手筆，爸爸不僅沒有跟自己一起快樂，反而決然斬斷這份快樂，心裡一定不悅。我

們看到，點點爸爸在出門前下達的指令是：① 馬上把玩具收起來；② 去畫畫；③ 要寫書法。一下給出三個指令，別說小孩子了，大人聽了也會不舒服。所以，針對綠色性格的小孩，最好是一次只下一個指令。

第一次教綠色孩子做事時，一定要親自逐步教

很多綠色性格的孩子不太願意「動」，他們動手的能力比其他孩子稍微慢一些。所以父母在第一次教他們做事時，一定要盡量親自逐步教他們。而且通常綠色性格的孩子天生好脾氣，他們做什麼事情給人的感覺都漫不經心，為了克服他們的漫不經心，你就要抓他們的手過來，告訴他們手帕怎麼洗、毛筆怎麼握，一定要握著他們的手，讓他們找到那份「動」的感覺。

但是爸爸一口氣說：「收拾玩具、畫畫、寫書法！」如果以前都沒有教過這些事，那這三件事就會讓他覺得壓力太大，根本就不知道該怎麼完成。所以，生氣的點點會想處理自己不高興的情緒：把爸爸的文房四寶全都丟到地上，以示抗議。綠色性格的孩子不會意識到去主動透過自己的嘗試來完成一件事，必須在父母教的過程中親身體驗，才算學會。紅色性格的孩子恰好相反，他們特別有自己獨立完成的欲望，這其中的冒險、刺激，對紅色性格的小孩來說，是非常有吸引力的。紅色性格的孩子甚至會討厭大人們親自逐步教導，他們一定要自己操作。但是，親自教導對綠色性格的孩子來說尤為重要。

要經常鼓勵他們表達自己的想法

面對綠色性格的孩子，父母最大的苦惱是他們不愛說話。不愛說話，我們怎麼能了解他們呢？不能相互了解，矛盾自然而然就產生了。更可怕的是，父母們都以為自己是世界上最了解孩子的人，卻不曉得那只是「貌

似」了解，不了解孩子就如同瞎子過河。如何與綠色性格的孩子溝通，幾乎是所有教育者的一件難事。他們不喜形於色，你很難知道他們怎麼想。不了解他們，就不知道該關照哪些地方，哪些地方又是特別需要你幫助的。所以，我們前面提到的建立「溫馨時光」，對綠色性格的孩子尤為重要。

再來看點點這個案例。爸爸在下指令前，可以先鼓勵孩子表達他的內心想法：「點點，滿地的玩具，你是在做什麼呢？」點點就會去表達，也許孩子還不能完整地表達出他的傑作，爸爸可以用若干問號，啟發他來完成描述。如果爸爸的問話不到位，就會迫使點點對抗，其實綠色性格的點點心裡已經有決定了：我就是不收拾玩具、不畫畫、也不去寫書法。但他不說出來。如果爸爸能及時鼓勵孩子表達自己的想法、了解孩子的想法，事情也許就不會那麼糟糕了。

不要對綠色性格的孩子說「拖拖拉拉」

在我的培訓課裡，很多綠色性格的人說，他們一生中聽到最多的四個字就是「拖拖拉拉」，經常被別人埋怨太慢了、太會拖了、能不能快點啊、已經落後了、我已經等你很久了、告訴你多少次了，要提前準備……所以，如果你有一個綠色性格的孩子，請在你的字典裡把「拖拖拉拉」四個字刪除，徹底地刪除。拖拖拉拉是一個負面的詞，包含負面評價：你是錯的、你是不好的、你是糟糕的、你是不如人的、你造成了我的失望和不滿……你完全可以說：「寶貝，再快一點可以嗎？我知道你還可以再快一些的」；「媽媽在等你」；「你已經比以前快很多了，真好！」如果你老用「拖拖拉拉」這個負面的詞，就會適得其反。比如，早上起床，必須抓緊時間穿衣、洗漱、吃飯、出發，綠色性格的小孩卻不疾不徐，很令人著急，讓

父母生氣。這時大人說最多的話可能就是：「不要再拖了，快點！聽到沒有！」你說多了，你猜孩子會怎麼樣？他們生氣了會說：「你要是再說，我就不做了！」他們放棄了，這才是讓大人更加無奈的。

　　寫作業的時候也是這樣，如果你老是說他們拖拖拉拉，把他們逼急了，他們會說：「你再說，我就不寫了！」或他們連這句話也不說，但就是不寫了！那時候關係就更僵了，大人們就會變得更加被動。要知道，綠色性格的人也是很倔強的，他們的倔強表現在哪裡呢？不是正面頂撞，而是無聲地反抗。所以面對綠色性格的孩子，不要說他們最不喜歡聽到的「拖拖拉拉」四字，這不能解決任何問題，反而會使問題更加複雜。

第五章
性格與職業

我們每天打交道最多的場所可能就是家和職場了，家裡暫且不提，有一個適合自己的工作，是多少人夢寐以求的事情。既然先天的那部分性格給我們一個相對穩定的特點和優勢潛能，在處理問題時如果正好能派上用場，良好的工作結果就會輕鬆而至。一個簡單的例子：安排黃色性格的人去執行人事接待，那他就會不亦樂乎；讓綠色性格的人去做接待，那他就會緊張兮兮，這都直接影響接待的品質與後果。把合適的人放在合適的崗位，效率與品質不言而喻，不僅如此，崗位適合自己的性格，能帶來更多的愉悅感與成就感，對本職工作的熱愛與付出也很容易順理成章。從小處而言，本人的幸福指數會趨高，儘管每天很勞累，但帶回家的心情依然陽光燦爛；從大處來說，更多人能在合適的場所喜悅地發光發熱，對國家的發展當然也是益處多多。

當然，找到適合自己的工作，也需要多種因素綜合考量，本章僅從本然性格角度出發，談一談我們的性格特點與選擇職業的契合問題，僅供參考。

紅色性格者的最佳職業選擇

孫悟空是紅色性格的人，我們可以從中看到一些關鍵字：主動性、快節奏、引領性、迅速、堅定、大膽、執行力、號召力、影響力、結果導向、大氣、豪邁、心胸開闊、有主見、不屈不撓、愈挫愈勇、急脾氣、解決問題、堅持到底、不服輸、不氣餒、豁得出去、天不怕地不怕、敢作敢為、硬骨頭、倔強、必須服從、快刀斬亂麻、直言不諱……。

如果可以選擇職業，看到這些關鍵字，我們就知道哪些工作不會是他的首選。那些需要深入思考的工作，如電腦的程式編輯；那些需要小心翼

翼的工作，如文字編輯與審稿；那些需要大量耐心的工作，如客戶服務、投訴接待。這些都不是他的強項，做這樣的工作，他會覺得不舒暢、被束縛，能力無法施展。就像常聽紅色性格的人說：「我想要每天都是熱騰騰的日子，但現在滿腔的熱血沒地方去！」如果從事這樣的工作，想長久地保持愉悅，是很困難的，如果還想達到一流的水準，那需要拿出多少精力去克制性格中的不適與反抗，又如何能不身心疲憊呢？同等條件下，做這樣的工作，又如何能超越那些天生細膩、沉穩、冷靜的藍、綠性格呢？更不要說愉悅、自在、長久了，那真的很難。不順應性格，把自身的優勢能量擱置在倉庫或壓抑、藏匿，這職業生涯之路走起來就只剩下疲憊不堪了。紅色性格在被無聊的工作折磨後，會感嘆懷才不遇，日子久了，看似順從，看似磨平了一些個性，但無名火的頻繁發作，卻成為一種無意識的釋放，傷人、傷己，卻不知為何。

　　紅色性格的人可以試試下面幾個領域，或許會有所啟發。

▌軍人、員警類工作

　　軍營裡的生活都是快節奏的，集合、整理行裝、出操都要用最快的速度，這樣的快節奏最適合紅色性格的人。如果綠色性格的人到了軍隊，需要花很大功夫才能在痛苦中適應，但紅色性格的人適應起來是很快的。軍令如山，不需要講什麼道理，簡單、直接，也非常符合紅色性格直率的脾氣。紅色性格的人做事的風格本來就是要簡單明瞭，一針見血。軍人堅強、流血不流淚的特質，部隊生活的冒險、刺激，也正符合紅色性格的要求，所以部隊成就了大量紅色性格的人，同時也有很多其他性格色彩的人，在部隊的大熔爐裡練就很多紅色性格的品格。類似員警等職業都是不錯的選擇。

新聞記者類工作

　　身為新聞記者，要膽大。優秀的新聞記者什麼人都敢見，不管是多大的官，不管是多麼難纏、多麼可怕的人，只要有新聞，都會勇於向前。記者提問時，除了機智外，還要大膽、有力度，底氣不足是不行的。新聞記者需要有冒險精神，也是充滿刺激的，比如戰地記者，揭露黑勢力，深入虎穴，臥底探祕。這種精神對一個優秀的記者來說，是不可缺少的。新聞記者的筆鋒也應該是犀利的，有話直說，言語果斷，並非常具有衝擊力。這些都很符合紅色性格人的特點。所以，紅色性格的人當記者，一定會信心十足。不同領域的新聞記者、新聞評論員、經濟觀察家、政策研究員等職業都可作參考。

檢察官、律師類工作

　　律師是不能過度感情用事的，主要是依道理說話、依事實說話、依證據說話、依法規說話，不需要情意綿長，不會因情而輕易心軟。紅色性格的人本身就具備這樣的特質。無論案件多複雜，他們是那些能快速抓住問題核心的人，不糾結、不糾纏，原則性很強，也促進了結案速度。不管面對什麼樣的當事人，無論是原告還是被告，不管對方勝算如何，都會據理力爭，而據理力爭是紅色性格的人特別愛做的事，生活中紅色性格的人就有這樣的特點：討論、爭吵、抬槓，與實力相當的對手辯論，爭得面紅耳赤，覺得很過癮。遇到旗鼓相當的對手，會讓紅色性格的人很興奮，且不會被對方牽著走，更不會被對方的強大嚇倒。紅色性格的人是有拯救心理的，見到身邊的人處於水深火熱之中，都會鼎力相助，律師工作能滿足他們的這個特點。律師工作中獲得的成就感是他們很看重的，他們一生都在為成就而活。當然，

也有一點是需要紅色性格的人注意的，拯救心理已經加入了情感成分，是需要覺察並拿捏分寸的。

▌經銷類工作

很多客戶在決定是否購買產品時都會猶豫不決，經銷人員在導購時，免不了要做說服或解釋的工作，但很多人都會不自然、沒自信，或說服力不夠，客戶聽了沒有下單的衝動。紅色性格的人說服起來既有力量，又很自然，因為他們就有這種氣質，天生就有那種帶動性。很多消費者願意找乾脆俐落的業務員來替自己介紹產品，紅色性格的經銷人員會更加合適。在推銷產品時，常需要去拜訪陌生客戶，在經銷界，陌生拜訪的能力有很大程度會決定經銷的結果，尤其是對新手來說，做陌生拜訪是不可缺少的初期訓練。這很需要「臉皮厚」、不怕打擊、不怕看人家的臭臉，這一點紅色性格的人更容易做到。經銷人員需要勇敢的精神，十個客戶中，可能有九個都是排斥推銷的，說經銷是在拒絕中成長的工作也不為過，他們甚至在自己的牆上寫著：誰升起來，誰就是太陽。在他們心中，推銷是最具挑戰性的工作，也可以成為最輝煌的工作，紅色性格的人就喜歡這種挑戰性。

▌管理類工作

前文說過，紅色性格的孩子在很小的時候經常被稱為孩子王，他們天生就具備領導者的素養，如果再進行專業管理的學習，很容易成為優秀的管理者。身為管理者，需要承受巨大的壓力，紅色性格的人就具備引領者的特質，愈挫愈勇也是他們承受壓力的表現之一。紅色性格的人最不甘寂

寬，抗挫折能力也很強。紅色性格的人有種天不怕、地不怕的精神，遇到困難，他們一定不是第一個放棄的人，也不會被困難嚇倒，他們有能力發揮團體的力量，有種戰無不勝的精神。紅色性格的人天生具有大局觀念，不糾結於細節，這是領導者的素養。紅色性格的人是指引方向的人，他們總是知道自己該往哪裡走，下屬跟著他們什麼都不用怕。俗話說，天塌下來有高個子頂著呢！那個高個子就是紅色性格的人。他們總是有可去的方向，又總是有辦法，是不會被難倒的人，所以也最容易建立威望。紅色性格的人特別具有感召力，說話總能說到點上，再加上具有永遠飽滿的熱情，因此身邊總是不乏追隨者。同等條件下，如果都去學管理，紅色性格的人最有可能輕鬆成為領導者。

黃色性格者的最佳職業選擇

　　黃色性格和紅色性格都屬外向性格，但又有不同。豬八戒是黃色性格的人，我們可以從中看到一些關鍵字：主動性、快節奏、活潑、坦率、童真、自在、輕鬆、不拘束、靈動性、機智靈活、樂群、開門見山、主動交往、滔滔不絕、享受表達、樂於表現、開心果、積極樂觀、溫柔敦厚、樂觀主義、浪漫主義……。

　　看到這些關鍵字，需要做兩個解釋，一是靈動性與機智靈活，指的是不鑽牛角尖，思維開闊、跳躍。豬八戒是可以放開做自己的人，遇到困難時看似說過很多消極、抱怨、想放棄努力的話，但我認為，那只是很正常的情緒表達，只有他可以坦蕩而輕鬆地把想法說出來，這正是他思維開放、真實的表現，然後該做什麼，還是會去做。劇中豬八戒的表現是非常

感性的，生活中黃色性格的人會有更多理性的加入。二是溫柔敦厚，也許你會覺得這個詞更適合沙悟淨，其實這個詞既適合豬八戒，也適合沙悟淨，只是一位是用外向性格來表現，一位是用內向性格來表現，豬八戒有憨厚和「拙」的那一面，傻傻笨笨裡又透出可愛與溫良。

看到這些關鍵字，可以先確定哪些職業不適合作為他們的首選：那些需要安靜而深入思考的工作，比如電腦編輯程式，需要長久的安坐，他們就不會喜歡；那些需要精打細算的工作，比如會計或銀行裡某些與數字密切相關的崗位。萬一做了這樣的工作，很容易陷入一個洞穴：我要拯救自己、我需要被拯救、誰來救救我……因為已經很努力了，還是沒有別人做得好。有些事情、有些感覺，真是踮著腳尖也摑不著，或者很難摑到。那就閉上眼睛，靜靜地自己待一會兒，看看那些摑不著的心理體驗，是不是先天性格使然？有些工作特別容易讓自己獲得成就感、價值感。方法、技巧可以學習；團隊氛圍也可以適應，但工作內容和工作形式，要與自己性格相契合，才會舒服，無須分散一部分精力去對付那些無謂的絆腳石。

下面這些職業領域可供黃色性格的人做參考。

▌文學創作類工作

黃色性格的人是很喜歡文學的，他們屬於天生喜歡表達的人，寫影視劇本、寫小說、寫散文、寫詩歌等，都可能是他們感興趣的，或者說在這方面他們的興趣很容易就能建立起來。寫文學作品需要發現故事、演繹故事，而黃色性格的人編故事的水準很高，給他們一個細節，他們就能編出一個豐富多彩的故事，在幼兒園期間，他們就是班上的故事大王。黃色性格的人有很濃的浪漫情懷，能圍繞「情」字發揮出很多內容，而文學作品

都是離不開「情」的，如果說人是感情的動物，那黃色性格的人就是非常喜歡弄「情」的人。當然，寫出受歡迎的作品，還需要其他能力的支援，比如體驗生活的能力、觀察生活的能力、寫作技巧……。

黃色性格的人語言最豐富，假如每個人都有自己的語言倉庫，那麼黃色性格的人，其倉庫裡的內容最豐富，有用的、沒用的，經典的、幽默的、浪漫的、諷刺的、犀利的、調皮的，應有盡有。正因為他們的語言倉庫裡有「貨」，寫起來才更得心應手，寫得也更精彩。由於是他們的興趣所在，會更容易找到寫作的感覺，在工作中形成良性循環，也就更容易獲得成就。如果把文學二字改為美術、音樂也是適合的，而且既適合黃色性格的人，也適合藍色性格的人，他們都適合。只不過一個是以外向性格的形式表現，另一個是以內向性格的形式表現。

▌講臺類工作

教師是站在講臺的人，講臺是面對群體展現自己的最佳場地之一，而展現自己可是黃色性格很樂意追求的。面對臺下一雙雙的眼睛，臺上人的責任感會油然而生，要對臺下的人負責，要對得起臺下的人，要在責任感的展現中獲取認可，所以當教師、培訓師、演講家、導遊、講解員、宣傳人員之類的工作，都會是不錯的選擇。

四種性格的人中，黃色性格最喜歡表達，也最善於口頭表達。當教師，可以讓他們好好過個癮，他們可以透過對知識的講解，把語言發揮到極致，聲情並茂地把知識演繹得活靈活現。他們有信心，也有能力做到這一點。可是我們也知道，有些人一聽到要上臺，就嚇得腿發抖，背得滾瓜爛熟的稿子，在上了臺的那一瞬間，腦袋立刻變得一片空白。這些人無法理解黃色性格的人，只有羨慕的份。所以找工作可別找讓自己腿發抖的。

黃色性格的人喜歡掌聲，也是最能製造掌聲的人。他們的熱情開朗與樂觀主義，讓他們非常具有感染力。所以，無論站在企業的培訓課堂上，還是青少年的舞蹈訓練廳，或是成人合唱團的指揮臺，再或是學校裡的講臺，他們都會遊刃有餘，也最容易獲得掌聲。

演藝類工作

黃色性格的人最具有表演天分，也最容易有文藝氣息。黃色性格的孩子從小模仿能力就很強，家裡有客人，大人對孩子說：「來，表演一個節目給客人看吧！」黃色性格的孩子就會不亦樂乎，這種情況至少能從幼兒園延續到小學二年級。學校如果有什麼文藝活動，他們肯定是積極分子，因為他們天生就喜歡表演，也喜歡表演團隊裡的熱鬧。表演不就是去模仿各式各樣的人嗎？他們會很快學會表演，而且很享受表演的過程。

黃色性格的人從小就喜歡熱鬧，哪裡熱鬧往哪裡鑽，演藝圈可是個熱鬧的圈子，在熱鬧的圈子裡工作，他們不僅容易適應，而且會成為製造熱鬧的高手。黃色性格的人喜歡群體生活，喜歡人多、害怕寂寞、害怕孤單、害怕枯燥，他們是一定要活在人堆裡的，不喜歡一成不變、單調古板、死氣沉沉的生活。稍微冷清一點，他們就會嚷嚷：「寂寞死了，無聊死了，人都跑哪裡去了？」所以，演藝圈的工作對他們來說再合適不過了。

公關類工作

對黃色性格的人來說，公關部門、辦公室、工會、文化娛樂、體育、客戶服務部門等，都是不錯的選擇。

公關部有時要與陌生人打交道，四種性格的人中，最善於跟陌生人打交道的，就是黃色性格的人，他們能快速地跟陌生人打成一片，並能很自

然地營造輕鬆舒緩的氛圍，不會出現冷場、尷尬的局面。更可貴的是，他們很容易樂在其中。那些太靦腆、太害羞的人，做這個就有難度，訓練起來會吃很多苦。

辦公室工作也不錯，上傳下達，腿要勤、嘴要甜，機智靈活地解決各種瑣事，這些事是黃色性格的人擅長的。工會、文化娛樂、體育等，都跟組織娛樂活動分不開，只要跟娛樂沾上邊，黃色性格的人就會很興奮，他們會高興地奮勇向前。他們自己也是參加娛樂活動的積極分子，很容易號召大家來積極參與，如果再加上紅色性格的人幫他們組織，那就更完美了。

客戶服務部門對工作人員有一個很重要的要求，就是眼明手快、嘴巴甜。黃色性格的人是離這個標準最近的，你會發現，那些最討人喜歡、嘴巴最巧的人，以黃色性格居多。黃色性格的人做客服工作有很大的天然優勢。

▌經銷類工作

黃色性格的人沒有陌生人的感覺，能夠很自然地跟陌生人打交道，他們不覺得難過，不覺得彆扭。人與人之間的交往就是這樣，如果你不覺得彆扭，對方也會舒服很多。如果你很內向，很靦腆，很不好意思，對方也會不自在。所以黃色性格的人做經銷類工作也有天然的優勢。經銷類工作很多時候需要快速跟陌生人熟悉起來。我就見過這樣的人，進電梯時，誰也不認識誰；出電梯時，已經好得不得，互相在電梯門口擋著門說：「我們家就住在幾樓，等一下到我們家玩！」原來他們都是黃色性格的人。

如果可以很容易地找到成就感，我們就會更加努力地工作，從而形成一個良性循環。你會發現，有些人下班了，還待在公司不想回家，其實這

些人的工作可能正好符合他們的性格特點，工作起來特別舒服。人是這樣的，哪裡舒服，就願意在哪裡待著，因為那裡有很多享受的成分。

藍色性格者的最佳職業選擇

唐僧是藍色性格的人，我們從中可以看到一些關鍵字：內斂、慢節奏、專注、認真、謹慎、安靜、思考、深刻、規矩、敏感、執著、不魯莽、不誇張、小心翼翼、穩重、情緒豐富、高情商、不急於表現、細心思索、考慮再三、思維敏捷、察言觀色、注重細節、做事穩妥、注意力集中、同情心、安全感、不冒風險……。

對關鍵字的幾個解釋。關於認真：紅、黃、藍、綠都可以很認真，只是藍色性格的認真是天生關注細節、追求完美，所以他們的認真更是一種常態，用的地方更廣泛。關於思考：紅、黃、藍、綠都很會思考，但一對比就會發現，孫悟空和豬八戒在表達上能最快做出反應，這自然就會影響他們的深入思考；而唐僧和沙悟淨更善於思考在前，想通了再表達，我們常說某人說話不經腦袋，往往這樣的人如果做深入思考，要刻意為之。關於集中注意力：藍色性格的人不會三心二意，不會輕易改變主意，不會輕易放棄，也就是執著力很強。

看到以上這些關鍵字就會知道，如果有可能自由選擇的話，他們首選的職業領域不會是那些需要劇烈身體衝撞、違背他們天生傾向穩定的工作，比如武術類、競技類（像籃球、足球）這些。除非透過後天的各種機緣，有意識地訓練，或慢慢地長久適應。過分默默無聞的工作，他們也未必喜歡，那是綠色性格的人很中意的；藍色性格的人內心深處並不是和平主義者，或者說，並不是溫和的好脾氣，比如調解員、協調員之類，他們

的耐心比不過綠色性格的人。那些冒險的職業，比如飛行員或司機，既要獨自操控，又要冒險，雖然可以適應，但相比之下，還是紅、黃性格的人更容易，藍色性格的人不會首選這類職業。

　　對每種職業，紅、黃、藍、綠性格的人都可以成為優秀的工作者，只是職業性質跟自己性格相契合的方面越多，獲得職業幸福感就越容易。每種性格都有自己本然的優勢，很匹配藍色性格人的職業有哪些呢？下面舉例說明，僅供參考。

▌副職類的工作

　　藍色性格的人做參謀長、軍師、副總，都是不錯的職業選擇。為什麼不首選正職呢？因為正職需要太多大刀闊斧的決斷，更適合紅色性格的人。紅色性格的人擅長的是策略問題，而藍色性格的人擅長的是戰術問題。很多藍色性格的人當技術顧問，他們跟技術打交道更勝一籌；做副總，主抓業務更容易得心應手。而抓全面工作的總經理，還是紅色性格的人會更輕鬆一些。紅色性格的人做領導者，藍色性格的人做副職，這是很好的搭配。紅色性格的人善於掌控全域，不顧細節；而藍色性格的人恰好非常關注細節及具體步驟的推進。當然，生活中也有很多這樣的情況，往往藍色性格的人業務能力很強，就會被提拔到更高的管理職位，於是他們在這樣的職位經過歷練，成為藍＋紅的複合型性格，那他們的職業能力就非常厲害了！

音樂類工作

　　與音樂有關的工作、部門很多，如藝術院校、樂團、電視臺、廣播電臺、文藝團體、學校等。我發現很多藍色性格的人有音樂天分，他們會很容易把自己沉浸到音樂中，與音樂融合在一起，也很容易感受音樂。對「這段音樂讓你想到了什麼？」這個問題，一定是藍色性格的人說得最多。他們能想到許多事情，腦子裡能出現很多畫面。在上培訓課時，我跟很多人交流過這個問題，有的人不喜歡聽音樂，覺得很吵，感受不到太多的美；有的人只喜歡某些特定的音樂類別，比如輕音樂；有的人沒有總結出自己喜歡什麼類型的音樂，感覺無所謂；有的人就特別喜歡音樂，比如藍色性格的人，而且他們喜歡的音樂種類也是最多的，搖滾、爵士、流行、古典等。所以藍色性格的小孩去學音樂也是不錯的，他們很可能會學出成就。此外，黃色性格的人對音樂也很敏感，也很容易喜歡音樂。

心理學、哲學類工作

　　心理學、哲學都是很深奧的知識，不是所有人都可以輕鬆領悟。四種性格的人中，深奧的東西最難不倒藍色性格的人，反而太淺、太直白的東西打動不了他們，因為深奧的東西可以使他們的鑽研精神派上用場。頭緒再多，他們也能理順，在這個理順的過程中，他們有喜悅感，有成就感。這一點是黃色性格的人怎麼都無法理解的，黃色性格的人喜歡一目瞭然，喜歡快速讀懂的作品，不要考驗他們的耐心。而藍色性格本身就是慢性子，他們可以鑽得很深，想得很遠，他們的思維就像一棵樹，有一個主幹式的問題後，可以發揮出許許多多的枝條和樹葉。所以，心理學相關、哲學相關等的職業都適合藍色性格的人。

▍文學創作類工作

前面我們說過，黃色性格的人很適合當作家，其實藍色性格的人也適合。和黃色性格不同的是，藍色性格的人很善於描寫人物心理，他們最容易理解人，同理心很強，也最會洞察人的心理，這在文學創作中是不可缺少的。藍色性格的人也是性情中人，屬於感情豐富者，寫與「情」有關的情景是他們很擅長的。黃色性格的人可能寫喜劇更出彩，而藍色性格的人可能寫悲劇更精彩，因為他們對悲劇的理解和掌握更勝一籌，往往更善於用細膩深刻的筆鋒去表達。同時，藍色性格的人是很細心的，他們很善於發現生活中細微的情節及人們的微妙心理。所以，一些與文學有關的工作可以當參考。

▍祕書類工作

藍色性格的人做祕書也很不錯。祕書一定要細心，藍色性格的人天生就是細膩敏感的，他們很容易領會領導者的意圖，如果不是職位區別的話，他們應該像朋友一樣互相了解，配合默契。祕書最需要察言觀色，想要想在領導者的前頭，走要走在領導者的後頭，要能夠滿足領導者的要求。同時，祕書也需要很棒的記憶力。藍色性格的人記憶力很好，通常很久遠以前的事都記得，甚至連細節都記得很牢，領導者交代過的事情是不會忘記的。像豬八戒那樣丟三落四的人，肯定不適合當祕書，如果要找一個徒弟當祕書，唐僧寧可選擇沙悟淨。當然，也不是說其他人的記性就不好，只是藍色性格的人天生就對細節敏感，當別人對事物只記得一個大概的時候，他們卻把細節都記住了。藍色性格的人也是很能沉得住氣的人，不該說的話一定不會亂說，他們做事時嚴謹的態度也很受領導者喜愛。

綠色性格者的最佳職業選擇

　　沙悟淨屬於綠色性格的人，從他的性格中可以看到一些關鍵字：不爭、不急、安穩、耐心、溫和、隨和、平和、微笑、靦腆、害羞、平靜、慢節奏、被動型、觀察者、聆聽者、慢熱型、暖心、好脾氣、熱心腸、不好表達、不好表現、靜靜等待、不露聲色、情緒平穩、不起爭端、無攻擊性、慢條斯理、踏踏實實、安分守己、容易知足、可以長時間聆聽、可以長時間等待、獨立思考、細細品味、按部就班、能容忍別人的壞脾氣、友好相處、非常聰明而又不張揚。

　　對關鍵字的幾個解釋。關於害羞：害羞不等於害怕。他只是不知道要怎麼表達，而且也不喜於表達，心裡清楚就行了。比如演員梁朝偉，六十幾歲了，在聚光燈下做了一輩子，但做訪談節目時，你依然可以看到他在回答問題時出現的羞澀，但那不是害怕。關於情緒平穩：從表面看，內向的藍色性格和綠色性格都情緒平穩，但平穩度更大的是綠色性格。

　　如果僅從本然性格考慮，最起碼知道哪些職業不會是首選。生活中綠色性格常說的話是：好吧、還可以、都行、隨便……這樣溫和的脾氣不會選擇需要快速決斷、雷厲風行、言語犀利的職業，比如記者、評論家、危機公關處理、緊急救援之類。與拋頭露面相比，綠色性格更願意做幕後工作，踏踏實實的，不被打擾，不被關注。那些聚光燈下、眾人矚目的工作，會挑戰他的靦腆與緊張，比如推銷類、主持類的工作。

　　下面我們來看綠色性格的人可參考的職業範圍。

保密類工作

　　綠色性格的人去做保密工作會很適合，他嘴巴最緊。現實生活中，如果你想從他那裡套出點什麼話，是絕對辦不到的，即使是自己的事情，只要他不想讓你知道，那你怎麼問，都問不出來，他臉上可以做到無表情。他一直都很平靜或溫和，很難從外在探求他的內心。生活中，總有些人喜歡說別人閒話，弄出一些傳聞來，可以肯定的是，這些事情往往與綠色性格的人無關。

攝影類工作

　　綠色性格的人不願意與人溝通，所以用攝影來表達他們的思想是很不錯的選擇。攝影不用嘴巴說，照片和鏡頭裡就蘊藏著一切，這種含蓄的表達方式很適合他們的性格特點。攝影工作可以獨自完成，不需要跟太多人合作，不需要太張揚。在外人看來，綠色性格的人就是一個孤獨的人，從不湊熱鬧，不喜歡被打擾，甚至一直在躲避被打擾，而攝影工作很多時候是要耐得住寂寞的，有時為了拍到理想的鏡頭，需要翻山越嶺獨自一人走很多路，甚至度過很多孤獨的時光以等待時機，而能夠較輕鬆地做到這樣的，當屬綠色性格的人了。與此相關的美術、美工類工作，也很適合綠色性格的人。

醫務、心理學類工作

　　綠色性格的人很冷靜，所以無論病人的傷口多可怕，無論環境多嘈雜，也無論家屬如何焦急，他們總能很平靜地處理傷口、救治病人，所以，醫務工作很適合綠色性格的人。要是碰到黃色性格的醫生就很難說了，可能病人一哭，醫生的情感就會有所起伏，容易受到幹擾。

通常綠色性格的人很安靜，也稍顯被動，他們需要有壓力出現時才會動起來，需要有人推動他們。當有病人需要做手術時，醫務人員必須立刻開始工作，這就是最好的推動。而在沒有病人的情況下，他們可以不急不躁地、靜靜地待一整天。他們骨子裡是寧可保留自己的感受，也要盡量避免衝突和爭吵，他們對委屈的承受度最強，如果他們當醫生，醫病關係通常都是不錯的。

▌編輯、翻譯類工作

如果日子真的像影印機影印一樣，那最能忍受的就是綠色性格的人了。他們更能接受重複、枯燥和單調，所以適合做編輯、書面翻譯之類的工作，他們是最能沉下心來的人。綠色性格的人是拒絕改變的，尤其是頻率較高的改變。如果工作的內容和形式千變萬化、頭緒太多、跳躍性太強，他們不會喜歡，工作內容單純是他們的最愛。從這個角度來說，他們也很適合教師這個職業。他們是脾氣特別好的人，喜歡簡單，如果工作的頭緒太多，完成一件事情既要跟這個部門打交道，又要跟那個部門打交道，還要跟某些特定的人打交道，綜合起來才能完成，這對綠色性格的人來說，不會是首選。

也許你會問，如果現在從事的工作與自己的性格已經不相符了，是否意味著必須更換工作才會有前途呢？下面我們做進一步的說明。

有個綠色性格的女孩子，柔柔、慢慢的，不愛說話，當初考大學的時候，她很羨慕記者，就報了新聞系，畢業後因各種機緣來到著名電視臺，真的當了記者。表面上看起來，這個公司很不錯，工作也很令人羨慕，很多人都說她好幸運。但事情就是這樣的，往往羨慕是一回事，自己能不能做、適不適合做又是另外一回事。加入工作兩年的時間裡，她覺得自己極

其痛苦，因為經常出差，而她認為出差是一件很苦的事情，每天要跟很多陌生人打交道，面對很多新事務，跑來跑去，生活也不安定。

就這樣，每天的採訪工作讓她痛苦不堪。她無數次下定決心要離開這個崗位。電視臺的記者，多好的一個職位啊！可是不適合她。高學歷、高收入並沒有帶給她很高的幸福感。後來，她堅決地辭職，去讀研究所，學了文藝理論類的專業，後來研究所畢業了，又到處找工作。這時麻煩又來了，別人一看她當過著名電視臺的記者，認為沒辦法提供她滿意的職位和薪水，建議她另謀發展。找來找去，還是那些媒體機構適合她的外在條件，但不適合她的性格。

她想去當老師、當作家，結果都不能如願。當老師，沒學過師範體系，沒有競爭力。當作家，憑什麼去創作呢？人生經歷和閱歷不夠、寫作能力有限等問題都擺在她面前。所以很不幸，她一直沒有找到合適的工作。一個學歷和職業經歷都不錯的人，為什麼找不到合適的工作呢？很簡單，因為她之前的鋪墊沒做好，沒有按照她的性格做好職業生涯規劃，從考大學填志願時，就偏離了軌道，以後的工作也跟著偏了，現在還有無數高三學生的家庭在重複這樣的路，沒有意識到志願對孩子未來的深刻影響，不知道如何填報。只有報的志願與孩子未來的工作相符合；與他們的性格相符合；與他們的理想也相符合，那才是完美的，他們會幸福一輩子。

這就是學性格理論很重要的一個原因。比如豬八戒這樣的人，能讓他去做保密工作嗎？當祕書或當保管員可以嗎？這些工作他都做不了，不符合他的性格，做起來一定會很痛苦。假如豬八戒不小心找了一個這樣的工作，還要在那待一輩子，他會很難過，工作不幸福，一定會把壞情緒帶回家庭，夫妻關係會受到影響，進而親子關係也會受到影響，導致整個家庭

都不快樂。所以說，擇業時一定要考慮性格的因素。

擇業時，本然性格很重要，但後天的性格習得及成長環境也要綜合考慮。幾點說明如下。

1. 即便本來性格不合適，也可以在長期的工作中發現興趣，逐漸喜歡，這也是有可能的。這個世界上沒有絕對的事情，比如綠色性格的人不適合當演員，一個柔柔慢慢、害羞的人怎麼能當演員呢？可是我們看到很多以綠色性格為主的表演藝術家，最初未必是因為喜歡才走上演藝之路，但在後來的實踐中，他們不斷地發現和培養興趣，把工作變成愛好，最終依然可以成為優秀的演員，甚至成為影帝或影后。這就是後天環境的影響。因此不能說綠色性格就無法當好演員，千萬不能絕對化。

2. 不能孤立地看待性格，在生活中一定要結合環境的需要來採取行動。紅、黃、藍、綠性格的人都可以當好演員，但都有自己的局限性，於是我們會發現，紅、黃、藍、綠性格的人都可以扮演孫悟空，就看演技水準如何了。但也不得不說，呈現的人物形象還是會有差別的，同等條件下，從演員內心來說，很可能還是紅色性格的人扮演起來更舒服、自然、流暢。其他演員演起來會更累一些。

3. 還有一種情況，假如說，藍色性格的人原本是有數學家天分的，可是在幼年學數學時，不被數學老師看好，受到老師幾次當眾批評，非常沒面子，這個害羞膽小的孩子，上數學課時再也不舉手了，數學成績也越來越差。媽媽發現孩子數學成績不斷下滑，就緊盯數學作業，由於心急，對孩子的輔導缺乏耐心，並不斷買參考書、報補習班，孩子面對撐不住的壓力，就只剩下排斥了，數學成績越來越糟，老師、媽

媽也越來越失望，這些原因就造成了這個孩子將來長大後，會非常不樂意從事跟數學、數字密切相關的工作。

4. 如果兒童時期我們就知道了他的本然性格，就會知道他未來的職業傾向。這種職業傾向肯定不是一種職業。父母就可以讓孩子從小接觸這些行業裡的人和事，有機會可以去參觀，有機會可以做這些人物遊戲，跟這個行業裡的人交朋友，看這個領域的電視節目，不斷熟悉這些領域。比如黃色性格的孩子，報興趣班時該如何選擇呢？會首選口才班，他們對溝通有天賦，有機會讓他們去當小小主持人、小小演說家，也可以參加演講的社團、表演的社團，鼓勵他們多多上講臺、上舞臺，還可以結交這些領域裡的成功人士。多關注那些兒童文學的作家，感受他們文字的美妙之處，學習如何賞文，從自己的作文做起，未來當文學家也有很棒的潛質。將來若要考大學，填志願時就能很輕鬆地知道要選哪些專業了。如果大學就開始學自己喜歡且擅長的專業，畢業後又直接在喜歡的幾個領域裡擇業，這是不是某種意義上所說的，走上了成功的捷徑呢？

總之，雖然在擇業時，性格不是唯一的考量因素，但本性難移的部分性格，有巨大的能量，一直與我們形影不離，我們還是要將自己的這部分性格與內心的需求、教育背景、興趣愛好、家教背景、學識背景等相結合，愉悅而又慎重地選擇自己的職業，讓自己職業的幸福指數不斷增加。

第六章
性格與溝通

　　有句話說，溝通的品質決定人際關係的品質。我們一生當中，很多時候都處於溝通的狀態中，哪怕不跟對方說話，也是一種無言的溝通。針對形形色色的對方，如何把話說到點上呢？本然性格裡包含了一些溝通的樣式和特點，從中了解對方的溝通特點，遇到不合你口味的溝通者，知道他是本性難移，就不會在心中被不適感充斥，會帶一點溫情和耐心，隨他一起做心靈的舞動。比如大多紅色性格的人，語速極快，你是否需要適應？比如黃色性格的人，一開講就像開火車，一直行進中……你會拿什麼態度面對他？比如藍色性格的人，溝通時會不斷深入下去，你會被他帶走嗎？比如你跟綠色性格的人討論不起來，也爭論不起來，最後還是不知道結論在哪裡的時候，該怎麼辦呢？怎麼讓談話變成愉快的交流，並在交流中自己也受益與成長？另外，還有一個重要的角度，那就是與自己的溝通。我們太需要了解自己性格中溝通的特點了，要認可自己溝通的樣式，接納自己溝通的水準。很多人在自我溝通時，會自我攻擊、討厭自己、過度自責、不看好自己，這就更需要了解自己，如果是本然性格使然，就會釋懷，就可以散去很多糾結與不安。無論自己的溝通樣式、溝通水準如何，我們都有理由接納自己，知道這樣的存在是有道理的，未必是你不努力造成的。既要懂得自己不容易改變的本性難移，也不要放棄讓自己變得更美好的努力！

不同性格的溝通表現

▎不同的語言表達

從語言上來看，性格不同的人，說話的特點會有所不同。我們依然可以用《西遊記》中師徒四人來舉例。讓我們猜猜看下面這樣的表達會出自誰之口。

我要先說

有一位是團隊中說話最多的，他永遠有話說，也永遠在說話。看到什麼、聽到什麼、想到什麼都可以瞬間成為他的話題，跟他在一起永遠不用猜心思，隨時都知道他的真實與坦誠。團隊裡出什麼狀況了，他一定是先發表看法的人，看法準不準確可以再探討，但總要有人先帶頭發表見解才是。這一定是豬八戒，黃色性格的豬八戒。

乾脆點說

有一位說話簡明扼要，絕不囉嗦，同時他也很怕別人囉嗦。也有的人不是囉嗦，而是要做很多解釋，或為了說明主題會做很多鋪墊，於是人群中會有一個人忍無可忍地插嘴：「有話請直說，不用鋪墊，你到底想說什麼？」這個人說話直指結果、不希望重複，並帶有力量感，他會是誰？這一定是個急性子，是紅色性格的孫悟空。

想想再說

有一位說話沒那麼乾脆俐落，他覺得說出去的話就撿不回來了，應該慎重對待自己的言語。如果說出的話不準確，就寧可不說，否則就是對自己不負責，對別人也不負責。「別著急，這件事得想想再說！」他不急於發表，「想」字當頭，也從來不莽撞，那麼，這個人是唐僧還是沙悟淨呢？這是藍色性格的唐僧。

不說可以嗎

有人愛說話，當然就有人不愛說話，別人都爭論得如火如荼了，有一位依然沉得住氣，多久不說話都沒問題，而且期盼不要有人來要求他說話。這個人心裡的潛臺詞是：「不說可以嗎？有什麼好說的。」沙悟淨就是這樣。在整個劇中，說話最少的就是沙悟淨了，很多時候他都可以說話，而且說得滿不錯的，但他就是經常不說話，能不說就不說。

總之，針對同一件事，不同性格的人，語言表達的方式不同，對表達的看法也不同。如果一個人說「有話請直說，少拐彎抹角」、「你想要達到什麼目的，趕快說出來」，這一定是紅色性格的孫悟空；如果有人認為說出來才能一起探討，最終也依然達到深思熟慮的效果，那就是黃色性格的豬八戒；如果有人說話並不主動，也很少搶著說，小心謹慎型的，那一定是藍色性格的唐僧了；還有一位，更享受傾聽與觀察，他絕對不是置身事外，只是做到心中有數就行了，為什麼一定要表達？這一定是綠色性格的沙悟淨。不同性格的人，他們在說話時各有特點。沒有對錯之分，只有你表達的特點是否符合當下環境，也就是說，當時所處的語境，會對你表達的合適度給出評價或回饋。

▍不同的表達方式

讓我們再來猜猜下面這組表達會出自誰之口。

一吐為快

師徒四人中,有一個人說話常一吐為快,不管得不得罪人,也不管你能不能接受,只要我認為是正確的,那一定要說出口,不計後果,為真理而戰。因為這個緣故,他無數次惹師父不高興,但他依舊這麼做,他堅信真理是掌握在少數人手裡的,你們聽我的,跟我走就好,不會有錯的。這當然是紅色性格的孫悟空。

張口就說

有一個人說話就是享受,想到什麼就說什麼,說話跟著感覺走,天馬行空,圖的是自己的快樂與自在。他不想管住自己的嘴巴,想說話時張嘴就說,也真佩服他快速組織語言的能力。有坦誠坐鎮,就可「肆意妄為」、胡說亂侃、任意發揮,不經意間就把簡單與直率發揮到了極致。這是誰呢?當然是黃色性格的豬八戒。

苦思冥想

有一位是這樣的:不要亂說話,想好了再說。說出去的話是要負責的。即便要說,也要想想怎麼表達才是合適的,莽撞是不可取的。「想」占去了他很多時間,他「想」更多的是周到與全面。他不會輕易發表看法,一旦發表了,就一定是經過深思熟慮的,天然思想家非他莫屬,這就是藍色性格的唐僧。

只看不說

無論環境多麼嘈雜，他總是能保持如水面一般的平靜。他是不管不問嗎？不是，其實他心裡明白得很，但是沒有表達的欲望，更不會搶答。這當然是沙悟淨了。師徒之間大大小小的事，他全都看在眼裡，心裡很有數，但他就是不說，因為他堅持認為沒有說的必要。事實也證明，雖然說話少，也沒有耽誤任何事，也從未有過一點點的掉隊。

不同的肢體動作

不同性格的人在說話時，肢體動作也會不同，透過他們的肢體動作，你可以看出他們性格上的一點點訊息。

紅色性格

紅色性格的人表達時的動作是堅定而有力量的，目光直視、絕不躲閃，動作快速、有力度，具有號召力和影響力。我們看到孫悟空的動作，整體風格就是快速、堅定的，面部表情豐富。生活中紅色性格的人喜歡站著講話，或揮舞手臂、或兩手叉腰、或兩臂交叉抱在胸前……。

黃色性格

黃色性格的人表達時眉飛色舞，面部表情很豐富，語音高低的距離也很大，一會兒天上，一會兒地下，聲音洪亮、抑揚頓挫；肢體動作幅度也很大，手舞足蹈。豬八戒總是眉飛色舞的，肢體動作豐富，甚至誇張。生活中黃色性格的人喜歡做示範，比劃給你看，讓你更明白他在說什麼，甚至表演給你看。

藍色性格

藍色性格的人表達時的動作很少,幅度也很小,他不需要利用肢體動作輔助自己表達。唐僧的表情大部分是冷靜、沉穩的,這也是內斂性格的表現。因為生活中藍色性格的人不是大嗓門,喜歡彎著指頭一樣一樣說給你聽,或坐著交流,或玩弄手中的筆,或停下來想想再說,或雙手在胸前小幅度地比劃。

綠色性格

綠色性格的人表達時的動作很少,他們說話非常好辨認,因為他們幾乎沒有動作,臉上或是溫和的表情,或沒什麼表情。比如沙悟淨,說話的時候只是嘴在動,表情淡淡的、溫和的,動作很少,更談不上張揚。生活中綠色性格的人通常語速偏慢,可以非常專注地聽你講話,並不急於作答,不會盯著你的臉說話。

不同性格的人,表現不一樣,他們在做事情時也有特點,每個人都有自己不同的風格,但又有規律可循,找到規律,溝通起來就會事半功倍。

▌不同的做事風格

讓我們繼續猜猜看以下這些做事風格分別是誰的吧!

三思而後行

第一種人不急於做決定,認真判斷對他們來說是很重要的,而且會在判斷上花費大量的時間和精力。他們一定是三思而後行的,絕不貿然行

進，且一定考慮到十分有把握了，才會去行動。上蒼給了他們一個好頭腦，讓他們可以輕鬆地去做深入而細緻的思考。這就是藍色性格的人。

有趣味就做

第二種人永遠都在發現事物的趣味性，並善於用最輕鬆的方式完成同等分量的工作。生活之事十有八九不如意，所以每個人都有孤獨感和悲觀感，恰好上蒼給了他們一顆未泯的童心，為他們的陽光心態做了積極的鋪墊。他們是面朝光和熱的人。這就是黃色性格的人。

看看再說吧

第三種人最沉得住氣，不要著急！著急有用嗎？飯還是要一口一口吃，事情還是要一件一件做，按部就班，一步一步來就是他們最快的速度。如果要他們像紅、黃性格的人一樣快，總是催他們快點、快點，或不給他們充分的時間，他們反而會亂了分寸、亂了節奏，於是囫圇吞棗、粗糙了事、漏洞百出……所以他們寧願慢一點，看看再說吧！這就是綠色性格的人。

少說話多做事

最後一種人不喜歡說廢話，有人稱他們天生就是做事的命，他們是這麼做的，也會要求別人這麼做。這種人常說：少說漂亮話，多做事，做出成績！說得漂亮，做不出成績有什麼用？他們對以下幾種行為很敏感：矯情、光說不練、行動力遲緩，誰要是在工作中摻入了這些，會被他們立刻制止。這就是紅色性格的人。

溝通中的性格差異性

我們在了解紅、黃、藍、綠四種性格人的語言和肢體等外在特點後，還要了解他們在內在溝通需求上有什麼差異。我們要了解不同性格的人在追求什麼，這樣跟他們在一起時，就知道什麼地方要迎合，不要跟他們硬碰硬，也不要跟他們唱反調。同時也要關照他們的忌諱，知道在什麼地方要迴避，這些都能帶給我們與他人溝通的直接幫助。知道對方最看重的是什麼，說話的時候才知道該如何關照到對方的需求，更容易把話說到點上。

▌性格不同，看重的東西不同

紅色性格

紅色性格的人非常注重方向。他們的至理名言是：「方向錯了，一切都錯了。」他們對方向很敏感，也是最容易掌握方向的人。知道自己要什麼，並徑直奔過去。大刀闊斧、我行我素，為的是獲得更顯著的成就。

黃色性格

黃色性格的人非常注重過程。他們的至理名言是：「只要過程好，結果一定會好。」他們也是最能享受過程的人。他們經常說：「人生如戲，戲如人生。」人生就像一場戲，看戲、演戲，他們在乎的是走好這個過程。

藍色性格

藍色性格的人非常注重細節。他們的至理名言是：「細節決定成敗」。他們認為這個世界上有很多重大的失誤都是由於針尖大的小細節沒有掌控

好。所以把每一個細節都做好，結果一定是好的。

綠色性格

綠色性格的人非常注重和平。他們的至理名言是：「和諧便是美」。綠色性格的人希望所有人都不要爭、不要搶，有話好好說，不爭不吵也依然能完成人生使命。他們強調人與人之間的和諧、人與社會的和諧、人與自然的和諧。

▌性格沒有對錯，只有不同

先天的這部分性格沒有好壞之分，只有特點不同。在溝通中，如果考慮到對方性格的不同，心態會平和很多，我們願意跟那個內在的他做心靈的溝通，尤其在家裡。沒有對錯，只有不同！這樣的溝通更容易順暢。

比如紅色性格，像孫悟空這樣的人，他的能力很強，不過他太好強了，那麼霸道不講理，誰受得了？但你要知道，紅色性格的人就是這樣，他並不是針對某個人，並不是故意要對你說這麼難聽、這麼強硬的話，這都是性格使然，他對誰都是這樣，這跟他的道德層面沒有關係。

這樣你就會明白，原來紅色性格的人就是這種風格，不要輕易用對錯、好壞來評說。很多父母問我：「我的孩子是不是有問題，怎麼這麼難教育？」一個紅色性格的父親在下課的時候，來找我說：「張老師啊！今天你可救了我兒子了！」我問怎麼回事，他說：「我的兒子是綠色性格，每天活得無聲無息，我怎麼說他都不動，你看我一個紅色性格的人，在部隊裡待了二十多年，我做事節奏快，說在口，拿在手，可是面對一個綠色性格的兒子，我怎麼說、怎麼打、怎麼罵，他還是那樣慢吞吞！我一直以為我的兒子有問題，今天聽了您的課我才明白，原來我兒子是綠色性格的人，是

我看他的眼光出了問題啊！」

　　孩子的性格可能與你的性格不同，當我們用自己的眼光去要求他們時，就會看孩子「不順眼」，總想把孩子調理得像自己一樣才好，這其實忽略了孩子自然的性格因素，如果不依照天性養育，教育是不可能成功的，親子關係也會出現極大的不和諧。

▌性格不同，實現自我價值的態勢不同

　　對紅、黃、藍、綠性格的人來說，每一個的一生都在追求自我價值的實現，但方法不同、樣式不同。我們可以去了解這份不同，允許這份不同的存在，每個人都能用自己的性格方式去行動，最終都會奔向自我價值的實現。在實現自我價值方面，各種性格的人都有哪些不同呢？了解這些，更有助於我們掌握溝通的方向和方式。當然，如何實現自我價值是多視角的，下面舉例說明。

紅色性格

　　紅色性格的人實現自我價值的態勢之一是征服。比如孫悟空，他要征服所有他能夠征服的，凡是他能夠做到的事，他都想征服。所以戰勝各路妖怪真的是孫悟空最得意且興奮的時候，給了他征服欲的最佳施展空間，每次勝利都可以滿足他的價值感。這份征服甚至包括征服權威人士，比如師父唐僧。每次師父要他不要莽撞、休得胡來的時候，都會激發孫悟空的征服欲，不能說服師父，就會急得抓耳撓腮，最後還是違背了師命而奮勇除妖，結果證明他的征服是正確的。這份征服也包括征服他自己。生活中紅色性格的人一旦知道自己錯了（儘管要他認錯很難），改起來會非常自

覺、非常快。他想要保持自己的強大，必然會自覺地修正自己，除非他不知道自己錯在哪裡。他的這份征服非常有力量！

黃色性格

黃色性格的人實現自我價值的態勢之一是追求快樂。比如豬八戒，在《西遊記》中他從頭到尾都是一個很在乎快樂的人。一個很在乎快樂的人，會有一些關鍵字句：想得開、放得下、浪漫、可以盡快逃脫鬱悶、可以隨時發現使他快樂的元素、化繁為簡、化苦為甜⋯⋯所以每一次孫悟空對他的捉弄，他並不會真的生氣，只當成一種遊戲。看成是遊戲，就有快樂的因數在裡面了。大敵當前時，他會收起快樂，打妖怪時，也是使出渾身解數，但只要有縫隙，追求快樂之心就會活躍起來，每當這個時候，就有人不理解他，覺得他是個沒心沒肺的傢夥。在我看來，他只是拿得起和放得下的速度非常快罷了。他不僅追求自己的快樂，也想讓周圍人跟他一起快樂。所以我們會看到，在這個四人團隊裡，經常活躍氣氛的是豬八戒，開心果也非他莫屬。

藍色性格

藍色性格的人實現自我價值的態勢之一是執著。藍色性格的人有股韌性，怎麼揉搓都不斷，這是他抵抗挫折的特點，也是促使他實現自我價值的法寶之一。所以我們會看到，當三個徒弟都有理由不馱唐僧過河時，他非常為難，但思量過後又會說：「三個徒弟都不馱我，那好吧！你們飛過去吧！師父我自己蹚水過去。」又比如在山林中救下一女子，大家還要繼續趕路，誰馱著她走呢？無一人去馱。看徒弟們都不聽話，唐僧也依然不會

放棄，就說：「那好吧！就讓她騎著馬吧！師父就跟你們一起徒步而行。」師父說話的聲音永遠是最輕的，但他的執著力從來都沒有變弱過。他用執著力扛起一片天，哪怕多次面臨被蒸、被煮的境況，我們看到的唐僧不是懼怕死亡，而是焦慮無法完成使命。每次死裡逃生後，他並沒有害怕，也不會退縮，依然信心百倍，繼續上路！當執著力和信仰、價值實現捆綁時，他的這份執著就非常有力量！

綠色性格

綠色性格的人實現自我價值的態勢之一是和平。比如沙悟淨，他追求和平，不和任何人起衝突，出現任何衝突時，他會先選擇好說、好商量。他也不願意看到大師兄和二師兄起衝突，為什麼要衝突？好好相處、好好說話不行嗎？如果衝突發生了，來勸和的也總是沙悟淨，他是滅火器，是調解員，甚至是和事佬。如果衝突牽涉到他，比如孫悟空不在，師父又被抓走了，豬八戒又在發牢騷，這時的他必須要有所作為了，他也不會尖牙利齒地駁斥，更不會用武力解決，只是好言相勸。只有妖怪打來，生死一線時，才會大打出手。那些不和諧的場景，沙悟淨甚至是遠離和不參與的，比如有很多次，大師兄和二師兄在爭論，他都離得遠遠的，做自己的事情。有人誤解，說他「事不關己，高高掛起」，其實他的眼睛和那顆溫暖的心一刻都沒有離開過二位師兄。他心態平和、不爭不搶，在生活中也是個很容易知足的人，平穩祥和是他的追求。

總之，各種性格的人都很好，他們都在想辦法實現自我價值，只不過他們實現自我價值的方式和方法不同。因此，我們有理由以更為寬廣的胸懷去接納和欣賞各種性格的人。

溝通的五大原則

溝通時，如何關照到對方的性格特點呢？有一些原則可以參考。

▌ 他慢你快

沙悟淨是很慢的人，如果你也變得很慢，這還做得了事嗎？所以他要是慢，你就要快一些。但是，這裡面有一個尺度要拿捏好，就是說你可以盡量向他的慢靠攏，但並不是跟他一樣慢，更不能比他還慢。要有關照對方的意識，只比他稍快一些，而不是絕對的快。孫悟空就是因為沒有這種意識，只顧著自己的快，也許是他很少跟沙師弟有交集的原因吧！藍色性格的唐僧也屬於慢節奏的，孫悟空從來不會放慢速度跟師父好好解釋，只是用最快的速度解決問題，所以他辛辛苦苦做了很多事情，師父還是對他不滿意，對他說最多的一句話可能就是「休得胡來」。所以如果對方是藍、綠性格的慢性子，你就要稍微變慢，遷就他。反過來說，如果你是慢性子，而你對面的人是快節奏的，就要有意識地向「快」靠攏，縮小差距。如果雙方都給對方多一點了解，都向對方靠攏一點點，那麼人際關係和諧度的提升可能就不止一點點了。

▌ 他說你聽

黃色性格的人特別能說，他也特別希望你能聽他說，就像豬八戒，他太愛說了，需要一個好的聽眾。如果你跟這樣的人在一起，你跟他搶著說，對方可能轉頭就走。我們看到豬八戒和孫悟空兩個外向的人在一起說話時，誰也不願意當聽眾，於是他倆就很容易爭吵，因此豬八戒會去找沙悟淨說話。豬八戒跟沙悟淨的關係很好，因為不管他說什麼，沙悟淨從來

不插嘴，只是靜靜地聽，也很少對他說一個「不」字，總是默默地接受，於是豬八戒碰到好聽眾就會很開心，可以隨意地展現自己。反過來說，豬八戒也要意識到給沙悟淨一些機會，聽聽他是怎麼想的，我們看到豬八戒和沙悟淨的交流中，很少用到問號。

他悲你喜

藍色性格的人憂患意識很強，遇到事情很容易往壞處想。碰到這樣的人，如果他「悲」的時候，你也悲悲切切的，那事情可能就會往壞的方向發展。所以，他「悲」的時候，你就要「喜」，他很悲觀時，你就要用樂觀去帶動他。這分兩個層面來說，如果他「悲」，且是外向型性格的人，你就要當他的聽眾。外向性格的人悲傷了，一定願意說出來；願意罵出來；願意吵出來，那好！你就當他的聽眾，以淡淡的微笑聽他訴苦。那麼內向的人悲傷了怎麼辦？內向的人通常都是被動型的，他需要帶動，你要把他帶出來，鼓勵他說出來，讓他罵出來，讓他快樂起來。

他動你靜

一個多動的小孩，可以和另一個多動的小孩在一起玩，玩一小段時間還可以，但時間久了，就不行了。因為彼此都會感覺不舒服，甚至還有可能會吵架、搶玩具，會爭著當遊戲的主角！如果能選擇的話，愛玩、好動的孩子，可以去找最需要他的人，誰最需要他呢？那個不太愛動的孩子一定最需要他，因為內向的孩子正好需要帶動。我們來看豬八戒，像他這樣的人太愛動了，為什麼他和孫悟空的關係不是最好的？因為孫悟空比他還愛動，這一點就夠他煩的，而且孫悟空還總愛捉弄他，他就更加不願意跟孫悟空在一起了。相比之下，沙悟淨和唐僧的安穩沉著，更讓豬八戒的

「動」有市場。藍、綠性格的人喜靜不喜動，紅、黃性格的人喜動不喜靜，師徒性格之間的天然互補，是他們相處愉快的重要條件。

▌他粗你細

　　豬八戒這樣的人粗心大意，如果再跟粗線條的人搭配，那事情很容易被搞砸，這樣的搭配肯定不是最佳的。所以，如果對方是一個很粗心的人，你一定要細心一些。如果他某些方面想得不周全，你就要替他多想一點。不管是夫妻之間，還是同事之間，要有意識地去彌補對方的不足，這樣才能把關係處得更好，也才能把事情做得更好，這也是為人之道。同時，對對方不擅長的部分，要更寬容些，以這樣的態度相待之：他不是不負責，是性格使然，和那些天生細線條的人相比，他粗心大意的機率肯定是高的。但反過來說，那個粗心的人，即使知道對方是細膩之人，也要經常想到「細心」二字，溝通的時候要讓自己收斂一些，且盡量細緻一點，當一當聽眾，這樣相處起來自然會和諧很多。

第七章
外向性格與人際交往

我們在人際交往中，會顯現出自己的性格特點，所以當我們知道了四種性格的基本模式後，可以很好地幫助到我們。

首先，我們在人際交往中，會不自覺地用自己的思維模式思考問題，並用自己最佳的態勢去交往。性格在其中無時無刻左右著我們。我們要對自己的交往特點與水準有個了解。本性難移的性格部分決定了我們在交往中的一些特質，比如樂於主動交往，或跟陌生人沒話說……既不強求自己改變，也要理解自己的不容易；既要接納自己的特點，知道優與劣的顯現方式，也要珍惜每次成長帶來的良性變化；但前提是要先了解自己！

我們在交往中，也會對對方給予的積極回應有所期許。我們對對方的了解越多，就越能把話說到點上，我們得到的正面回應就越多。溝通順暢就稱為「有效率」，總是溝通順暢，就稱為「聊得來」：

你怎麼這麼了解我，真說到我心裡了。

我們個性真合得來，我就願意聽你講話。

下次我們繼續聊……

只有了解自己和他人的性格特點後，才能既關照到自己的需求，又關照到對方的需求，最終達到知己知彼，悅納彼此，更能做到無障礙溝通。

外向性格的人和內向性格的人對人際關係的看法不同，在人際交往中的表現不同，對溝通的美好訴求也不同。但不管什麼性格的人，都希望對方用他樂於接受的方式來對待他。每個人都生活在關係中，關係的品質大大決定了我們生活的品質。

本章介紹與外向性格的人交往的一些思考。

如何與紅色性格的人相處

王小姐進入職場工作兩年，卻已經換了好幾家公司。問題出在哪呢？全都出在溝通上。她離開公司的原因都是人際關係出了問題。

職場中的人際關係主要有兩大類：第一類是跟領導者的關係，第二類是跟同事的關係。而王小姐的問題主要出在跟領導者的關係上。工作中，領導者說要如何做，她總能發現問題，並說出這麼做的弊端。能發現問題是好的，但一定要注意妳的表達方式，尤其是對領導者。跟領導者說話，直指他的錯誤，把所有的問題都拋給領導者，從道理上來說也許是對的，節省了時間成本，看似會很有效率。但哪位領導者不用面子呢？尤其是在指出對方不足的時候，溝通的態度直接影響著對方願不願意接受。紅色性格的人一不小心就會贏了道理而輸了情分。王小姐說，她也曾意識到這樣跟領導者說話不好，但就是很難改變。

後來在諮詢中，我發現她有兩個方面值得注意：第一，她自己本身是紅色性格，說話容易直接和強硬。直接進入主題，就事論事本身是很值得稱讚的能力，可是領導者受不了啊！領導者會有這樣的感受：王小姐說話沒大沒小、自己有被指責的嫌疑、缺乏敬畏感、被下屬小看……這其中的任何一條，都足以讓領導者不爽。但王小姐也真是冤枉，她在直指問題的時候，根本就沒想到這些，只是就事論事。她認為能尖銳地發現問題是一種本事，應該被誇讚才對。而且她也認為，就效率而言，自己這麼做是無可挑剔的，她認為是領導者的度量有問題……雙方各有各的想法，完全意見相左了。也許最初領導者會容忍，但容忍到一定程度，若有更合適的人選出現，他就很難再容忍了。於是長久以往，人際關係的去向就只有各走各的路、分道揚鑣了。

另一方面，王小姐從小就跟媽媽生活在一起，爸爸常年出差在外，很少管她。而她的媽媽恰好也是紅色性格的人，非常倔強、非常強勢。爸爸不常在家，媽媽一個人帶孩子，還要打理家庭事務，很是辛苦，所以對女兒的要求很嚴，希望她聽話，別給自己找麻煩。也因為媽媽從小對她要求就很嚴格，所以她從小就很叛逆。我們常說孩子們到了青春期才會叛逆，但紅色性格的孩子卻從小就很叛逆。媽媽越是強迫她做什麼，她就越不去做。心裡總是不服氣，總想抗拒給她帶來壓力的人和事。於是這樣的孩子長大以後，誰露出強硬的模樣，她就對誰反感，就跟誰對著做。而領導者和媽媽有一個相似的角色，那就是都代表權威，由此看來，她跟領導者說話時已經是克制的狀態了。她要為自己抗爭，這已經成為她人際關係中的一種模式。所以，她跟上司說話也難免會露出強硬與不客氣。我們一方面認同她紅色性格中的本性使然，另一方面也為她缺少自我覺察而惋惜。從這裡我們可以看到：父母了解孩子兒童期的本然性格有多麼重要。

　　總之，這個紅色性格的女士，從小就沒有學會如何跟一個權威人士相處。如果遇到的領導者不是紅色性格的，還能多做一段時間，要是遇到的領導者也是紅色性格的，強硬對強硬，雙方溝通起來更有難度。

　　現在，大學生找工作不容易，找到工作後，勝任工作也不容易，但最難的就是人際關係的處理。其實不僅剛畢業的大學生，即便是現有的職場人，也有很多是被人際關係難倒的。溝通之前，先來看看紅色性格的人最需要什麼，如何給對方最需要的東西。很多情況下，相處出了問題，源於我們不了解對方的性格需求，人家想要東，你偏給人家西，那怎能不出問題呢？與紅色性格的人相處，至少要了解以下幾點。

紅色性格者的控制

如果我們相處的對像是一個很強硬的孫悟空式人物，如何跟他相處呢？紅色性格的人內心有一個去向，那就是控制。他的控制不是非要透過打壓對方來完成，跟道德無關，跟人品無關。我們可以看出師徒四人中，孫悟空對這個團隊有一種控制的感覺在裡面，一方面是因為他身為大師兄，應該具有的職責；另一方面是他的確有一種不可抗拒、願意為你撐起一片天的氣魄。想扛事還能扛得了事，並且願意主動扛事，如果大家忽略了他的主動性與良善的利他願望，相處時就容易發生問題。在這樣的人面前，如果你再持控制姿態，那強硬對強硬就很難相處了。如果你把他的這些做法，用負面的道德詞語來評價，那麼很容易帶來傷害，最常見的說法有：高傲自大、蠻橫無理、目中無人、目無尊長、囂張跋扈……紅色性格的人就成為無辜的受害者，生活中這種性格認知錯誤天天都在上演。但是，如果我們了解他們的本然性格，那我們也就容易換個正面的角度給予評價，那結果就不一樣了，可能形容他們的詞語就是：英勇無畏、正氣凜然、捨我其誰、決勝千里……。

紅色性格者的被感激

紅色性格的人很在乎被感激，不是一般的表揚和稱讚，這些力度不夠，感激更加有力度。在紅色性格的日常表現中，他們的那份強大在不斷地告訴你：我是一棵大樹，特別高，特別壯，特別有力量，靠過來吧！有我在，放心！他們的每個肢體語言也都在說同樣的話，如果你懂了，就去靠一靠他的肩膀，享受一份依賴，並熱忱地表達對紅色性格者的感激之情。可惜的是，生活中有太多人看不到紅色性格的人對這份感激的需求，說不定還總找碴，說他們過度張揚和不謹慎呢！紅色性格者的熱情之火總

是會被不理解的人澆上冷水，或即使對紅色性格的人有了感激之情，但卻不表達出來。他們不知道，如果表達出來，紅色性格的人為了這份感激，會表現得更加吃苦耐勞，也會繼續承擔重任。比如說：「有你真好！」「有你罩著，我真的很幸福。」「今天這件事多虧有你，否則後果不知會怎樣呢！」「以後這方面可以繼續仰仗你嗎？」「有你在，我們心裡踏實多了！」

　　來看孫悟空。西天取經途中，孫悟空立下了汗馬功勞，但他極少聽到感激的語言。有時候他也會發牢騷，說一些埋怨的話，一些不滿意的話，其實他在說這些話的時候，是給大家一個訊息：「你們看到我的辛苦了嗎？」可是很少有人能讀懂，豬八戒和師父都極少回應他。只有沙悟淨曾說：「大師兄，你辛苦了！大師兄，你別生氣了！」雖然算不上多感激的話，但對孫悟空來說，也算得上是很大的安慰了。也許我們會說，他所做的都是應該的，向別人伸手要感激就不對了。從人性出發，我們給予感激，是一種支持、一種理解、一種感恩！

▌紅色性格者的領導者才能

　　紅色性格的人是天生的領導者。如果你是領導者，就可以把事情交給他管理，有人管理了，你多省心，多輕鬆，何樂而不為呢？做領導者就是要把合適的人放在合適的位置。而紅色性格的人在組織中，不知不覺就會讓大家感受到他管理者的潛質，同等條件下，會先被提拔到管理職位。跟紅色性格的人一起做事，你要有當配角的心理準備，要委婉地提建議，你可以幫助他多思考，但最終的決定或結論，要經由他的口說出來。如果願意的話，為了配合他，你可以主動承擔一些細節性的工作，那你們一定會相安無事。不要跟他爭論，但可以討論。因為一般情況下你是爭論不過他的。

　　來看孫悟空。每當危難時刻，最能顯現他紅色性格的能力。當妖怪出現時，反應最快的就數孫悟空了。他永遠有辦法，永遠不會被嚇倒，永遠對整個團隊有很強的保護意識，不顧個人安危；他既會在除妖中擔當重要角色，一馬當先，又會指揮師弟該做些什麼，還要撐著師父不讓他除妖的壓力，實際上是很有擔當的。

紅色性格者的自我改善

　　人際交往中，紅色性格的人常常需要別人迎合他、感激他。然而這只是交往的一個方面，要獲得良好的人際關係，紅色性格的人自己也要積極地自我覺察並適當改善，那麼應該做出哪些改善呢？以下舉例說明。

▌學會解釋

　　紅色性格的人會解釋嗎？你什麼時候聽到孫悟空說：「師父，我跟你解釋解釋啊！為什麼說這個村姑是個妖怪……」他哪有耐心啊！他不做任何解釋，只要認為對的，就一定去做，因此多次不顧師父的感受，不聽師父的勸告，也難怪師父要把他攆回花果山。這是紅色性格的人需要注意的地方：要學會去解釋。自己心裡清楚還不夠，還要讓周圍的人明白，只有周圍的人明白了，他們才更能理解、配合。孫悟空和師父看似是簡單的關係，實際上也有微妙之處。唐僧對孫悟空多次無法無天的做法肯定看不慣，但又離不開他。我們想想看，如果在公司，領導者可能做出三種選擇：

▶ 按照企業的要求好好培訓他

▶ 暫時用他，一旦有合適的人選就換掉

▶ 眼中無領導者，這次暫且饒你，下次再犯，直接換個職位或直接走人。

　　如果你是一個紅色性格的人，遇到事情堅持認為自己是對的，不妨耐著性子去解釋一下，看看會得到什麼樣的回應。

▌學會角色定位

　　如果紅色性格的人自己是領導者，那做自己就好了。但如果紅色性格的人不是領導者，該怎麼辦呢？紅色性格的人必須學習如何做角色定位，比如是一個普通員工，那些做決定的話就要由領導者來說，即便有想法也只能幫忙出主意，最終的決定要讓領導者說出來，然後自己按照這個決定執行。紅色性格的人懷揣一腔熱血，精力充沛，容易冒進。所以，領導者想把紅色性格的人放在自己身邊，但又會怕他威脅到自己，儘管紅色性格的人沒有「篡位」的想法，但他的角色定位如果不嚴謹的話，會造成一些誤解，除非領導者非常了解他、信任他。孫悟空在大敵當前時，經常自己充當領導者。弟子就要說弟子的話，辦弟子的事，該請示的要請示，該做的匯報不能省略，既要關照自己的性格需求，也必須拿出理智來做合適的事。但可貴的是，他並沒有任何舉動威脅到領導者，他內心是非常尊重唐僧、愛戴唐僧的。紅色性格通常都是能力很強的人，在中華傳統文化的影響下，越是有能力的人，越要謙虛謹慎。這可是紅色性格的人一生都不能小看的重要課題。

如何與黃色性格的人相處

　　我們來看黃色性格的人。黃色性格是外向的、活潑的、興趣眾多的、崇尚浪漫的，這些我們在前面都講過，那麼與這樣性格的人該如何相處呢？

　　我在醫院認識一位護理師姚小妹，她是黃色性格的人，態度非常好，特別熱情。她在重症監護室工作，病號和家屬們都很喜歡她，她要是沒來，病號們都會問：「今天怎麼沒看到姚護理師啊？姚護理師怎麼還沒來呢？」姚小妹非常熱愛她的工作，一心一意為患者服務，是口碑非常好的護理師。但奇怪的是，她在家裡卻沒有這麼受歡迎，姐妹四個她排行老二，在家裡的人緣很不好，與家人沒什麼互動，也不怎麼來往，對大家庭事務也不積極參與。這是為什麼呢？後來我了解到，她在家人的心目中，最典型的形象就是：不負責任，只顧自己的小家，從來不為這個大家庭做任何貢獻……一個對工作如此投入的人，怎麼可能對自己的親人不負責任呢？到底是什麼原因讓她在公司和家庭中判若兩人呢？有一次我見到她姐姐也來參加我的培訓課，就跟她姐姐聊了一會兒。一聊我才知道，姚小妹原來並不是這樣的，是家裡的活寶，但現在對大家庭不聞不問，不常回家看望爸爸、媽媽，家庭聚會也不參加，家人自然就越來越疏遠她了。

　　原來，黃色性格的姚小妹無論是在公司還是在家裡，都是願意發光發熱的。但是有一個巨大的不同就是，她在醫院發光了以後，能夠獲得最大的滿足，那就是表揚和認同。住院的患者和家屬本來就離不開護理師，更何況是一個討喜的黃色性格護理師呢！於是會形成一個良性循環：你們愛我，我更愛你們！雖然你們天天按呼叫器麻煩我，但你們也把讚美和認同送給了我，感謝你們的各種認同，比如語言、眼神、握手、各種配合……

但在家裡卻不同，大家覺得為家庭付出是應該的，無須讚揚，連爸爸、媽媽也對她的付出視而不見，慢慢地，黃色性格的人就會覺得沒意思，還會這樣想：是不是你們都不需要我？由於得不到良性的回饋，時間久了就越來越不想回到這個大家庭。結婚以後，更是逢年過節才回來一次，還恨不得用最快的速度放下給爸媽的禮物後就離開。

　　原因很簡單，姚小妹的表現是因為沒有得到認同。所有性格的人都希望被認同，黃色性格的人更希望你把認同表達給他。我問她姐姐：「你表揚過她嗎？」她姐姐很奇怪地說：「一家人表揚什麼？為家裡做點事不是應該的嘛！」我就跟她姐姐說：「妳不妨試一試，如果妳想讓她對這個家好，從今天起，妳以表揚的方式對待她，妳看小妹會發生什麼樣的變化。」

　　春節到了，她姐姐打電話給我，說：「張老師，春節前我就找理由有意識地表揚小妹，這次春節，大家庭聚會，她表現得非常積極。回家的次數越來越多，也願意坐下來跟我們聊天了，整個人像變了似的。表現太好了！我看再表揚就該翹尾巴了！」我說：「大姐，翹尾巴好啊！中華傳統文化都說要夾著尾巴做人，但翹尾巴有什麼不好呢？翹尾巴就說明她高興！說明妳投其所好了，下次她還會做得更好，妳們雙方都很開心，有什麼不好呢！」

　　以下我們就來總結一下，與黃色性格的人相處應該先了解些什麼。

▌黃色性格者的展現

　　黃色性格的人喜歡擁抱生活，總是善於發現使人開心的方方面面。不僅如此，他還要時時把這些發現帶來的感受說出來、表現出來。有人會認為這是好表現、不謙虛，這又是對黃色性格人的誤解了。紅、黃、

藍、綠各有各的表現方式，一件事發生了，有的人只是思考與分析；有的人只是看看但沒說；有的人不僅要說，還要評論一番；有的人懷揣好奇去發現事件中的特點。沒有對與錯，只有特點不同，所以也要接納黃色性格的人展現自我。他會利用一切可以利用的機會來表現自己，為了能夠好好地表現自己，他會發奮努力，讓自己的展現更有水準。如果你欣賞他的表現精神，那麼鼓勵他去做更優秀的表現，他們就會越來越努力，做得越來越好。那麼，他也會很感謝你的理解與鼓勵，你們之間的關係沒有理由會不好。

來看豬八戒，他是很喜歡表現的。只要有施主出現，他總喜歡走在前面；見到姑娘時，本應該含蓄一點，但他卻總是率先打招呼，跟姑娘們說話最多的就是他了。幾乎除了睡覺，他一直都在表現之中。也恰好因為這些表現，我們才從中發現他的可愛，他從不斤斤計較，走到哪都與人為善，不管旁人怎麼看他，都不影響他繼續表現自己。他不是為了表現而表現，也不是為了博得更多眼球而表現，就像是課堂上的孩子舉手發言，有的只是坐著舉手，有的要站起來舉手。他們都只是呈現自己最喜歡、最自然的狀態。所以在評價這種狀態時，有消極的評價，說他是好表現、好炫耀、逞能、不穩重……；也有積極的評價，說他是陽光燦爛、積極向上、活潑可愛、主動熱情、知無不言言無不盡……；當然還有第三種評價，那就是不好與不壞，只是本然性格使然。不同的評價會直接影響你跟他的人際關係。

黃色性格者的認同感

黃色性格的人在拚命做事時，很需要一個動力，那就是讚美，這是他的精神食糧。可是很多人不理解這一點，以為他是為表揚而活，太沒出息

了，就是不表揚他。黃色性格的人確實很需要認同，那就給予一些認同嘛！得到滿足了，他就做得更有勁了，有什麼不好呢？其實，所有人都需要認同，每個人身上都能發現或挖掘出值得認同的地方，只要有道理，就值得我們認同。黃色性格的人最害怕遇到不習慣讚美、想不起來讚美、完全不會讚美的人，還有覺得一切都是應當的、不需要讚美的人。其實，讚美是美食，我們喜歡吃、習慣吃，也要善於給別人吃。人家吃了你的美食，自然會有好的回報。正所謂「送人玫瑰，手有餘香」。

　　豬八戒做了什麼好事情，總會在師父面前念叨叨，實際上是求關注、求表揚、求認同。對豬八戒來說，猴哥是從來不表揚他的，不找碴就不錯了；沙悟淨是不善於表揚的，對誰都很少誇讚，豬八戒也就不指望他的表揚了；最後還是把希望寄託在師父身上，師父還好，雖然表揚不多，但還是有的，比如他和孫悟空吵嘴或被捉弄時，師父還是向著他的時候多，這就已經讓他很開心了。但是，如果唐僧知道豬八戒這麼需要認同，再多給一些，那豬八戒會有更多讓人意外的精彩表現。

▎黃色性格者的樂觀

　　如今人們的生活節奏越來越快，壓力越來越大，如果沒有點樂觀主義精神，就會更累、更艱難了。同樣面對困難，有一種人卻可以活得很瀟灑，不會讓自己身陷痛苦而無法自拔，那就是黃色性格的人。在困難面前，黃色性格的人是最沒心沒肺的，同樣是過一輩子，他卻能笑對人生的苦難。他認為，人有時要向螞蟻學習，只要生命不止，就每天快樂地忙碌，垂頭喪氣是一天，樂呵呵也是一天。黃色性格的人能夠讓這種樂觀的態度貫穿其一生，跟他在一起，就能享受這份樂觀、學習這份樂觀。

　　唐僧師徒四人中，孫悟空、豬八戒都滿樂觀的。豬八戒是沒心沒肺的

樂觀、不負重的樂觀，可以放下許多東西，所以他的樂觀比孫悟空更純粹一些。每次遇到妖怪，他都會打退堂鼓，我倒認為那就像小孩子撒嬌不想上學一樣，真正打起來的時候，他一點也不偷懶。每次施主看到他的模樣很害怕時，他都會安慰人家，有一次，他竟然用一條小方巾把自己的臉蒙起來，只露出兩隻眼睛，而那條小方巾竟然是大紅色的，上面還繡了花，他的樂觀與可愛足以讓他有好人緣。

黃色性格者的自我改善

那麼，對黃色性格本人來說，在人際交往中有什麼需要注意的呢？

學會獨立擔當

豬八戒是很感性的人，習慣跟著感覺走，不喜歡負重前行。每一次沙悟淨要出去探路，或孫悟空要出去，他都會說一句「快點回來啊！」「猴哥，你快點回來啊！」為什麼？因為他們走了，豬八戒就沒依靠了，保護師父這個重大的責任就全給他一個人了，他會立刻很緊張，一是怕出事後，自己的能力無法應對；二是他已經很謹慎了，但還是免不了會出差錯；另外他也怕自己擔當不好獨自照顧師父的重任，怕能力不夠。很多人會質疑豬八戒的責任感，也有人會質疑他獨立擔當的問題，我倒是發現一個片段，似乎能幫忙解讀一下。

有一次沙悟淨和孫悟空都不在，豬八戒一個人帶師父往前走，中途師父說：「八戒，我好渴！」

豬八戒立刻扶著師父下馬，然後說：「師父您等著，我去找一找附近哪裡有水。」走了兩步，又退了回來，他拿起一個包袱說：「師父，地上涼，

您墊著坐！」這是豬八戒的原話，通常想不到豬八戒會這麼體貼。

　　一會兒功夫，豬八戒端了一碗水快速跑回來給師父喝。師父喝的時候，豬八戒在一旁伸著脖子、嚥著口水看，可見他找到水後，自己一口都沒喝，就先給師父送來了，師父抬起頭看到豬八戒也口渴，就把剩下的一些水給他喝了。豬八戒之所以會這麼做，是因為他明白師父一個人在這裡不安全，所以以最快的速度趕回來。這說明黃色性格的人不是不負責任，而是在他認為最有必要的時候，才會去負這個責任。所以在人際關係中，說到獨立擔當，黃色性格的人是可以做到的，只是我們這些外人想讓有意義的場景多出現一些。生活中，黃色性格的人面臨的環境更為複雜，每種性格都必須經受環境的考驗，人一輩子都在找尋那個點，就是既能對環境妥協，也能有自己個性的存在空間，在這中間找尋與掌控和諧。

▍學著冷靜分析

　　豬八戒不僅不愛分析，還經常說：「猴哥，我們撤了算了！你瞧師父又被妖怪抓走了，反正不是蒸了就是煮了，不然是又跟誰成親了，我們分行李吧！」每次出什麼事情，他首先做的不是分析。生活中也是這樣，人們都習慣於做自己能做得來的事情，黃色性格的人當然也會分析，也必須分析才能生活下去，只是他不善於首選分析，也不善於把問題分析得很深入、很深刻。所以，在他的人際關係中，可能會先仰仗藍色性格的人來幫他，那是藍色性格人的強項。只是黃色性格的人要有這樣的覺察，知道這不是自己的強項，知道可以求助，但也要知道，在這個問題上，自己永遠都走在成長的路上，而且樂於成長。想想看，黃色性格的人很擅長寬泛性思維，也很擅長跳躍性思維，如果深入性思維也很強大的話，那黃色性格的人會成為多面手，一定會更加受歡迎！

第八章
內向性格與人際交往

跟內向性格的人交往需要耐心，不僅在交流過程中需要，在交往的次數上也需要有耐心，一次不行，兩次！想了解他們的想法，需要不斷地用問號：不要用大問號，問號太大了，不知該如何回答，或回答得很籠統；也不要是太尖銳的問號，他們很在乎安全度的問題，否則就會關上溝通的大門了。用小問號一點點、慢慢地聊，一旦他們不想配合了，就要有所覺察，趕快轉彎另尋他路。這就是給對方的關照，也是尊重。內向性格的人屬於慢熱型，想做深入的交往，尤其想快速深入，會很困難。跟他們的相識相知，要有一個循序漸進的過程，屬於日久見人心那一類，一旦雙方很熟悉了，那他們什麼都可以聊，也可以非常活躍，以至於很多人都懷疑這人真的是內向性格的人嗎？

　　在第七章中，我們了解了外向性格的人際交往問題，本章主要介紹內向性格的人際交往。

如何與藍色性格的人相處

　　我有一位學員叫嚴麗，在一家公司工作，老闆（紅色性格的人）特別器重她。因為每次老闆丟出一個大的方向性策略，嚴麗都能具體地計劃和實施，兩個人配合得非常有默契。

　　可是嚴麗並不滿意，一直想辭職。一年半之前她就想離開了，可是現在還在那個公司工作。那麼，她為什麼經常冒出辭職的想法，但又一直不付諸行動呢？藍色性格的人是完美型的，當紅色性格的老闆施加壓力時，她感覺壓力太大，就會想辭職，但真的要走時，她又想：「老闆這麼器重我，將所有事情全交給我一個人來辦，我一走，這攤子恐怕會塌掉」，就又不好意思走了。

於是，當老闆又一次把許多事情壓在她頭上時，她覺得喘不過氣來，就又冒出辭職的念頭：「不行，我真的要走，這次堅決要走了，我明天就寫辭職信給老闆。」但寫辭職信時又想：「我這一走，會給老闆留下什麼印象呢？我可以走，但不能留下一個不好的印象」，那有什麼好的理由呢？想了很多理由，但每個理由都不夠強大，都可能會讓老闆不滿意。你說嚴麗都要走了，還管老闆滿意不滿意呢？但藍色性格的人就是這樣，要辭職還要讓老闆沒意見。沒辦法做到，只好又放下辭職信，繼續悶著頭做！

做了一段時間，工作有了變化，需要她不斷地出差。嚴麗一聽，家裡需要關照，還要出差！又受不了啦！「不行，我非得跟老闆辭職不可！」又下定決心辭職，就這樣反反覆覆，一年半的時間，她還沒有離開那家公司。

她公司老闆是紅色性格的人，紅色性格的老闆脾氣不太容易改變，不斷給下屬新任務、新壓力也是出於工作需要，可以理解。只是他對藍色性格人的心理沒有更多了解，察言觀色也不是他的強項，尤其是對內向性格者的察言觀色，他竟然沒有發現嚴麗準備辭職，一年半了都沒發現。

這個紅色性格的老闆還經常說：「嚴麗，妳應該感激我（紅色性格追求感激），這麼重要的位置沒給別人做，妳知道在這個位置上會有多大的成長嗎？」嚴麗本來就覺得壓力很大，不想在這裡做了，老闆的這種姿態，可以留住她嗎？可能更不想做了吧！如果老闆注意到嚴麗的變化，就會知道原來嚴麗是一個完美型的人，她在求全，寧可委屈自己也要求全，這是多麼難得！有了雙方共同的理解，接下來採取什麼辦法、改變就不是難事了。這裡的問題是，嚴麗從不找機會跟老闆表達自己的困擾，過度看重老闆的信任，過度委曲求全，而看不出她為減壓做了什麼努力。紅色性格的

人高高在上，也讓她望而卻步。她對老闆的態度也很複雜：感激老闆的信任，不滿老闆的不斷加壓，還要對得起老闆的重託，長時間的超負荷運轉、壓力過大、精疲力竭……這些都攪和在一起，嚴麗反倒要拿出很多精力去對付情緒，那是在內耗！

以下我們來總結一下與藍色性格的人相處應該了解些什麼。

▌藍色性格者的完美主義

藍色性格的人為了工作、為了周圍的人，可以奉獻出很多東西，這是很可貴的。他們願意花力氣把所有事情都安排得井井有條，只有這樣，他們才安心。他們總是為別人著想，尤其是對待他們的親人。如果他們願意多想，你就迎合他。如果他們願意多說，也是因為他們有一百個不放心：可能是擔憂你的安危；或是怕你還不夠重視；或是怕你弄不好；最終是怕你不能達到他們想要的那個水準。那就請理解他們吧！表示你都收到了，接下來會盡力去做的；如果他們不願意閒著，就讓他們多做，因為做得不周全，他們是放不下的，繼續理解、繼續迎合。

來看唐僧。唐僧正是太為別人著想，才會不允許孫悟空的過分表現；也正是太為別人著想，才會多次制止孫悟空。很多藍色性格的人喜歡管人，那一定是為對方好，他總能看到對方不夠完美的地方，且會有衝動要幫對方指出來，想讓對方再完美一些。可是很多人不理解他的好心，總以為藍色性格的人在挑剔，真是冤枉啊！很多時候，人與人之間的關係就是這麼微妙，大多數時候，人們都是出於好心的，但就是由於對對方的不理解，造成了很多誤會，一旦誤會產生，雙方都容易往不好的方向去想，直接危害人際交往。唐僧對孫悟空多重要啊！如果不是唐僧收孫悟空為徒，他說不定還在大石頭下面壓著呢！就是這樣的關係，當師父把他攆回花果

山時，由於互相不理解，他說了不少讓師父傷心的話，已經不顧師徒之情了。其實，師父這麼做是為他好！

藍色性格的人對肯定的需求

藍色性格的人非常需要肯定。可是上述例子中的嚴麗得到肯定了嗎？也難怪，她正好有一個紅色性格的領導者，像孫悟空那樣的人，很少會去肯定別人。嚴麗這個求完美、講奉獻的人，具體的實施全靠她一個人，做這麼多事情，這麼辛苦，卻無法聽到老闆肯定的話語，難怪她要辭職了。藍色性格的人需要肯定，因為只有肯定他，他心裡才有數，能夠確認自己做的是合適的、正確的，並繼續做下去。肯定他，才能夠對得起他那顆謹慎敏感的心。這份肯定就是他心中的秤砣，可是很多人不知道藍色性格的人離不開這秤砣，就是不給予。很多時候，這秤砣就是簡單的幾句話，幾句話就能滿足藍色性格人的心理需求，滿足了他，他會更加幹勁十足。

來看唐僧。一個藍色性格的人當領導者，有一點不妙，因為這個職位造就了很難有下屬能肯定他。我們想像一下，如果三個徒弟去肯定師父：「師父，您做得不錯，就這樣做，繼續努力啊！」是不是很彆扭？因此，面對藍色性格的領導者，我們可以用感激來表達肯定，如果徒弟們說：「師父啊！今天多虧有您，我們才沒有做錯啊！」唐僧就舒服多了，把唐僧當作藍＋紅性格的人來看待就對了。

藍色性格者的細膩深刻

藍色性格的人是細膩深刻的。我們再舉嚴麗這個例子。紅色性格的領導者扔出一個決策，那接下來怎麼做？細節太多了，千絲萬縷的，要綜合考慮，包括如何用人、如何安排時間、用什麼方法實施……做這樣複雜的

事情，藍色性格者的那份細膩深刻，絕對能得到充分的發揮。把藍色性格的嚴麗放在這個最佳位置（相當於業務總監）是領導者的聰明之處，也是嚴麗一直不想離開的一個很重要原因。

再來看唐僧。他是一個細膩深刻的人，從他的那份小心謹慎中就可以看出。看他的表情，也知道他是深不見底的人，不像豬八戒一眼就能被看透。團隊裡有一個細膩深刻的人真是福氣，所有的細節部分出了問題，立刻會有人發現並改正。如果有人浮躁，看看藍色性格的人就會收斂很多，不是嗎？如果沒有唐僧，豬八戒就像沒有線的風箏，早不知道飛到哪裡去了；沒有唐僧，孫悟空就像沒有韁繩的野牛，不知道闖了多少禍；沒有唐僧，沙悟淨就更加不知所措，心無定數了。理解並享受藍色性格者的這份優勢吧！

藍色性格者的自我改善

雖然藍色性格的人在人際交往上有很多優勢，但也有自己的困惑，那麼，藍色性格的人可以做出哪些改善呢？

▌學會輕鬆

領導者會這樣對待嚴麗，她自己也是有責任的，她有義務讓領導者知道她的想法，困難時有兩種選擇：可以說出來，也可以不說出來，各有利弊。但嚴麗做出的選擇是向內求，去找自己的原因，一切由自己扛、自我消化。這裡有尺度需掌握，消化不了，卻還在硬抗，能抗多久？又要做出怎樣的犧牲？藍色性格的人通常會有很多的擔心、很多的放不下、很多的顧忌，很在乎外界對自己承受力的評價，寧可透過自己負重來解決問題。

藍色性格的人要想辦法讓自己別那麼緊張，變得放鬆些，可以試著給領導者一些暗示，或找機會用事實幫自己說話。如何輕鬆不緊繃，這方面有很好的榜樣，就是豬八戒。取經路上所有的磨難，他都經歷了，這一路上，他會把遊戲的心理帶進去，會想盡一切辦法，讓自己少受磨難又能解決問題。當然，文學作品中的人物形象，和現實中黃色性格的人，肯定有差別，生活中黃色性格的人沒有豬八戒那麼純粹，但心理傾向是相似的。他們都不會放過一切可以輕鬆的思路，這是他們解決問題的一個思考方向，可以供藍色性格的人參考。

再來看唐僧。唐僧極少跟別人分享他的感想，受了無數次的驚嚇，深陷困境，過後有何感想？他從不分享。也可能是因為角色的特點，身為高僧，他會自己化解，寬容為大，慈悲為懷，修練所致。所以我們幾乎看不到他情緒有大起大落的時候。於是，他的情緒看起來總是風輕雲淡。生活中沒有修練到這種程度的藍色性格者，情緒的起伏是波瀾壯闊的，只是藍色性格的人，其波瀾壯闊更常放在心裡。

▍學會讚美

藍色性格的人追求完美，對自己要求很高，對對方也要求很高。無論是看自己，還是看對方，他會先看到不完美的地方。他經常會看到需要修繕處，且能快速又尖銳地指出缺點，也許對方已經很努力了，但藍色性格的人依然可以挑出錯處。不理解的人會說他過於挑剔，理解他的人才知道他對人、對己都是如此，也因此，他做出的事情都非常有品質，無可挑剔。但這也帶來一個問題，就是他對人對己不夠寬容。看到別人的好，並及時表揚或讚美，這種行為需要有意識地去培養。在生活中，無論是親子關係或夫妻關係，乃至上下級關係，想讓對方把事情做到高品質，就要：

一，嚴格要求；二，不斷地表揚與激勵。也許兩種方法都用，叫做恩威並施。只用嚴格要求來達到高品質，很難持久，或許第一次可以，第二次也可以，以後呢？看到了這個點，也許藍色性格的人會在生活裡加進一些表揚與激勵吧！畢竟受到鼓勵、給予讚美，是你看重對方的一種表現，也是每個人非吃不可的精神食糧！可以試著先從讚美自己做起！

　　再來看唐僧。唐僧很少誇獎人，印象裡只有一次。有天晚上，豬八戒做了一個噩夢，大喊大叫……大家都被吵醒了。聽豬八戒說完夢境後，師父帶著幾分愛憐說：「八戒真是辛苦了，連做夢都是妖怪。」即使是表揚，也是淡淡的，而豬八戒這樣的人，需要大張旗鼓的表揚。如果唐僧的表揚再多一些，豬八戒不但會更快樂，怨言也會更少，幹勁更十足，而且唐僧對這個徒弟的滿意度也會更高吧！

　　總之，在職場裡，這種事情很多，人們不知道對方最想要什麼，都在揣摩。最可怕的是，大家都自以為是地順著自己的性格習慣去解讀對方的行為，去處理人際關係。當我們不知道對方的行為是先天的那部分性格使然時，是最容易產生誤會的時候。不理解對方為什麼這樣做、為什麼好幾年了都不改變，接下來就會跟對方生氣，甚至會拿出一些道德層面的詞語來給負面評價。親子關係、婚姻關係、上下級關係中，這樣的誤會天天都在發生。如何跟不同性格的人交往，不同性格的人到底如何相處才能夠讓我們自己舒服，同時也讓對方舒服，這永遠是一個有意義的話題。

如何與綠色性格的人相處

　　我們來看綠色性格。他們是最內向的人，他們的溝通最需要什麼？怎麼迎合他們呢？有以下這個故事：

　　我的學員王俐，是一位美麗的妻子，是綠色性格的人。中華傳統文化中，綠色性格的妻子是最棒的，為什麼？因為綠色性格的女性害羞、不愛說話、不爭不搶，老公要她做什麼，她就會做什麼，她的生命力都蘊含在柔弱裡，她的愛意都在默默無聞裡，她締造家裡的溫暖與和諧……特別符合傳統文化。王俐就是這種漂亮又傳統的妻子。她的老公是藍色性格，稍微內向，兩個人非常相愛，但由於都是內向性格，兩人從未說過「我愛你」，甚至很少討論關於愛的問題。兩個內向的人都不太善於誇獎對方，他們想得多，做得多，但說得少。

　　有一次，綠色性格的王俐得了重病，非常嚴重，丈夫就放棄工作，全身心照顧她。尋醫問藥，用了半年的時間，歷盡千辛萬苦，把她從死亡線上搶救回來，兩個人的感情從此就更好了。

　　病好以後，王俐在家休假，想到這一次老公的付出，太讓她感動了，就寫了一封長信給老公，把她這麼多年的愛及老公給她的愛全都寫了進去，又不好意思直接給他，就放在床頭櫃上。老公臨睡前看到了，看完後一整晚失眠睡不著。他不知道妻子如此愛他，愛得這麼深，也不是很清楚妻子愛他的那些點點滴滴是具體的什麼事。他第二天天還沒亮就起床了，上班之前先趕回爸爸媽媽家，拿給媽媽看，媽媽很驚訝媳婦竟然如此深愛她的兒子，平常這個兒媳不多話，很靦腆，他們夫妻的生活總是平平淡淡的，不知道內心有這麼濃烈的愛。媽媽感動得淚流滿面，老伴看到以為發

生了什麼事，拿過信一看，也掉淚了。三個人被這位綠色性格的妻子感動得泣不成聲。

通常情況下，綠色性格的人，文字表達遠遠強過他們的口頭表達。綠色性格者的愛，需要慢慢地思索、慢慢地體會，他會用行為告訴你他的那顆心，而不是用嘴巴。「日久見人心」非常適合形容綠色性格的人。

綠色性格者的平安無事

綠色性格的人追求和平，他們相信平平淡淡才是真。生活就應該是平平淡淡的，這才是最真實、最長久的。所以，王俐認為自己愛丈夫是很自然的事，沒有說出來的必要，或她以為丈夫應該知道她是愛他的，也應該知道愛他的程度，所以她平時才很少說出「愛」這樣的字眼。這就是綠色性格人的特點。

來看沙悟淨。如果平安無事，沙悟淨是最心安的。如果內部有矛盾了，總是他站出來調解，他不願意看到爭端，骨子裡希望和平，他是團隊裡最好的潤滑劑和滅火器。沙悟淨也從不製造爭端，從不惹是生非，從不給團隊惹麻煩，只是安心地做著自己的本職工作。在職場中，綠色性格的人是不可缺少的好員工。

綠色性格者的被推動

綠色性格的王俐是被動型的，不巧的是，她丈夫是藍色性格的人，也是被動型的，不知道綠色性格的妻子需要被推動。如果推她一下，她就會往前走一點；不推，她會待在原地，也不覺得有什麼不好。如果丈夫經常說：「老婆，妳在想什麼？告訴我……老婆妳對這件事有什麼想法？」妻子

才會願意說出心裡話。你得把她的話往外拉，她才會說出來，拉習慣了，她才會經常跟你多說一些。夫妻之間一定要經常交流，這樣會減少很多誤會的產生。綠色性格的人需要推動，這一點藍色性格的丈夫沒做到。但這裡說的推動，是小小的推動，若用力過猛，會打亂綠色性格的人對和平、和諧的在乎。比如父母大聲發脾氣、吼綠色性格的孩子：「快點、快點，要遲到了，你要拖到什麼時候？」綠色性格的孩子可能不會用語言表示不滿，但內心已經產生不想跟你合作的念頭。小小的推動，對方感受到的是被幫助，過度的推動，對方感受到的是被排斥。

來看沙悟淨。如果不主動跟他說話，他是不會理人的，人們會誤以為這個人不好說話、不熱情。其實他並不排斥你走近他，每次出事時，沙悟淨都會很積極配合；孫悟空和豬八戒吵架，他也會主動去勸架，不會袖手旁觀。如果發現你需要幫助，他也很樂於幫助，只不過整體看起來，他是需要推動才會前行的人，或者說，跟其他性格的人相比，他更需要推動。

綠色性格者的耐心

綠色性格的人是最有耐心的。耐心的表現，其中之一就是沉得住氣，不到萬不得已，不會出手。王俐若不是因為這次重病，她依然會繼續有耐心，一輩子都不說這些讓人感動落淚的話。平時她一定認為這些話滿肉麻的。其實肉麻嗎？即便肉麻又怎麼樣？夫妻之間難道不需要嗎？可是綠色性格的人最不會說肉麻的話，也最害怕聽肉麻的話。但是需不需要呢？一定需要的。沉得住氣當然好，現在的生活節奏越來越快，耐心也越來越缺少了，擁有耐心的特質太重要了。但還是那句話，優點過了頭，就變成缺點了。所以，首先我們要去理解她的性格特點，但也需要綠色性格的人自己能覺察到這個特點。

來看沙悟淨。論耐心，誰也比不過沙悟淨。被抓進妖怪洞裡，唐僧和豬八戒都焦慮不安，只有沙悟淨靜靜等待大師兄的到來，或默默等待命運的安排。他並不是悲觀，而是因為著急也沒用，也許接納是最好的選擇。孫悟空和豬八戒三天兩頭吵嘴，冷靜的沙悟淨永遠也不會參與，只是耐心地做著自己的事，總是不急不躁，就像平靜的湖面。那些急性子的人，要是跟這麼有耐心的人在一起，跟他聊聊天，享受湖面一樣的平靜，該有多好啊！

綠色性格者的自我改善

　　綠色性格的人有很多優勢，但也有需要改善自己的地方，以下舉例說明。

▌學習主動

　　綠色性格的人天生就是被動型的，想讓他主動不容易。但人活在這個世界上，有太多時候需要主動了，比如一個綠色性格的男孩想追求女孩，不主動點行嗎？一個綠色性格的爸爸，要為孩子撐起一片天，不主動點行嗎？一個綠色性格的領導者率領團隊，不主動點行嗎？如果太被動了，很多機會會與你擦肩而過。不能快速發現機會，就不能牢牢抓住機會。如果不主動，很多時候人們就會忽視你、忽略你，甚至感覺不到你的存在。綠色性格的人經常會有一種不被重視的感覺，可能就是因為不主動。綠色性格的人當然是會主動的，只是跟外向性格的人相比，他主動的頻率和幅度稍小而已。

　　來看沙悟淨。就電視劇《西遊記》來說，沙悟淨的主動性與被動性滿和諧的，看不出有什麼不妥，當然這也是作者的有意安排。如果沙悟淨的主動

表現再多一點，豬八戒過多的隨意性表現可能會收斂一些。如果沙悟淨再主動一些，孫悟空的擔子可能會減輕點。孫悟空有事跟誰商量？跟豬八戒商量，商量不到兩句就吵起來了；跟唐僧商量？商量不到兩句唐僧就開始教育他了；跟沙悟淨商量？商量不到兩句就無話可說了。但如果沙悟淨再積極一點，他可能會成為孫悟空非常好的商量夥伴。

▌ 學習表達

王俐這種綠色性格的人，特點之一就是話少。人的性格千差萬別，但互相理解是需要語言溝通的。所以，綠色性格的人要盡量適時地表達自己。不需要過多的表達，但也不要像王俐那樣吝惜表達。表達過少，周圍人理解你的難度就大了。

相對而言，四種性格中，嘴巴最笨的是綠色性格的人。其實表達不需要鼓舌如簧，在恰當的時候說出你的感受就可以了。一輩子悶著不表達，那將會讓你的生活增加許多不便。工作中、生活中，說出各自的想法，對互相理解是非常重要的。這種表達不僅需要用語言，還需要肢體、眼神、表情……綠色性格的人可以把心思藏得很深，他並不是有意藏著，那是一種自然的做法。其實生活中綠色性格的人也會發現自己的這個特點，環境對他的表達，一定也是有要求的，於是他也一直試圖多說點，周圍人如果給他很好的回應，那綠色性格的人會越來越能說。

來看沙悟淨。四人中最猜不透心思的就是沙悟淨了，不知道他都在想些什麼，也幾乎看不到他長篇大論地侃侃而談，再加上是最小的師弟，很自然地就把他放在最不起眼的位置上了。有什麼事，有師兄們衝在前。當然，沙悟淨自己並不在乎讓自己多「起眼」，可是取經的任務雖然完成了，但總覺得沙悟淨還有很多能耐沒有展示出來，他像個無底洞，很難看清他

的底。他的語言太少了，當然，話少並非絕對的缺點，也許他能引發我們更多的關注，有時話少很珍貴，沒有話還被說「沉默是金」呢！不過如果當下的環境需要多說，你要盡量多說。

　　好的人際關係是多屬性的、立體的，性格只是影響人際關係的一個角度。人際關係的處理如果符合當時的情境，能與當下和諧，就是好的。每個人都有值得我們借鑑的地方，都有值得我們仰慕的地方，我們願意去發現，願意用自己的方式去應對，同時又欣賞不同的處理方式，不知不覺中，人與人之間的和諧度就不一樣了。

第九章
性格與擇偶

年輕人經常會探討這樣的問題：我們分手的原因主要是因性格不合。找什麼性格的最好？是找性格相似的，還是找性格不一樣的呢？有人說這樣好，有人說那樣好，真不知道該怎麼辦了。都說性格決定命運，要是另一半沒有找對，這婚姻的命運會如何？我試著從本然性格這個角度談一點個人的看法。

哪種性格的另一半最適合你

紅色性格的另一半

要是找紅色性格的人做另一半，你會覺得心裡很踏實，因為他會給你一個寬闊的胸懷，你可以依賴、可以信任，不管生活中出現什麼艱難困苦，你都不用害怕。如果丈夫是紅色性格的人，他的肩膀是厚實的、有力的，有他在就有安全感；如果妻子是紅色性格的人，她會是一個非常有能力的人，家裡家外都很能幹，是當家的好手，把家交給這樣的女人絕對省心、放心。找紅色性格的另一半很好，但也要有心理準備，他可能會是個急脾氣，這個急脾氣大概等於壞脾氣，這個脾氣在交往時不會輕易顯現，結婚以後要在這方面給予更多的理解空間。

黃色性格的另一半

要是找黃色性格的人做另一半，你就太快樂了！這個積極向上、樂觀的人，會一輩子用快樂陪伴你，用快樂帶動你。一直到老，他都那麼快樂、也容易快樂，你們會有個快樂的晚年生活。很多人到了晚年，心態就有了變化，對什麼事都不感興趣，對生活也缺乏激情。但黃色性格的人從小就愛

玩；長大了也愛玩；到老的時候仍然愛玩，他的晚年也會過得豐富多彩。

黃色性格的人在生活中充滿了樂趣。所以，如果你有幸找到黃色性格的人做另一半，真的要恭喜你！但是，你也要提前有心理準備：正因為黃色性格的人骨子裡玩心太重，他的操勞之心就會弱一些，他更在乎生活的寬泛之美而非精緻之美。

▎藍色性格的另一半

要是找了藍色性格的人做另一半，那太好了，他會把你關照得無微不至，生活中大大小小的事他都會為你考慮。正因為細膩，所以他在生活中不會有大的閃失。他善於發現問題，絕不會讓星星之火發展到燎原之勢。當那些問題還是星星之火時，他就會看到並加以預防。

藍色性格的另一半很認真，很有責任感，可能連你的責任，他都往自己那邊放。遇到藍色性格的另一半，你可能會說：「你好煩，把我安排來安排去，你把我安排得這麼細緻，我自己都不知道該怎麼辦了！」這是多麼幸福的「埋怨」啊！恭喜你了！但要注意：藍色性格的另一半可能會有小心思，你要做好準備，經常去解開他的「思想疙瘩」。

▎綠色性格的另一半

如果你找了綠色性格的人做另一半，同樣要恭喜你！四種人中，綠色性格的人非常喜歡投入家庭生活中。如果可以自主選擇的話，綠色性格的另一半可能不會首選事業，尤其是綠色性格的女性，她願意努力把家裡的生活安排得妥妥貼貼，把家裡的人照顧好。別看青年時期平淡無華，但他與你一定相安無事，直到晚年，他都遵守一個諾言 ── 「要讓我的家庭、我的親人都平安幸福」，內心溫暖！

很多人年輕的時候想要火熱的激情，覺得浪漫才有意思，其實那時綠色性格的人就已經開始追求平淡了，他們最大的願望是平穩地度過一生，這多好啊！當然，跟綠色性格的人結婚也要有心理準備，他是個節奏稍慢的人，他想得多、說得少，有想法卻不急於表達，你們要努力達成默契。

奔波型和休閒型，哪個最適合你

什麼是奔波型？休閒型又指的是什麼？它跟我們的擇偶有什麼關係呢？

奔波型

師徒四人中，紅色性格和藍色性格的人屬於奔波型的。他們閒不住，一定要有事情做，一直到老都閒不住。在生活中，藍和紅都很容易成為事業型的人，不能容忍無所事事，他們跟懶惰無緣。有時大家會調侃他們是做事的命、操心的命、閒不住的命。

如果你正好屬於奔波型的人，那要恭喜你了，通常你會活得很充實，很可能事業有成，因為你的忙碌不會白白付出。雖然你在工作中忙碌，在家裡操勞，但你是幸福的、享受的，要是不讓你忙碌，反而你心裡會很難受，空落落的。生活中有些人經常高喊：「我都忙死了，我都累死了，你們有沒有良心啊！都不來幫幫我！」其實他們就是喊喊而已，若真讓他們閒下來，什麼事都不許做，不用兩天他們就會去找事做了。

比如，藍色性格的爸爸操了一輩子的心，到了晚年，孩子們都大了，不想讓爸爸再操心，家裡發生什麼大事，都不告訴他了。結果你會發現，不操心了，爸爸沒著沒落的，無精打采，反而老得更快。有的老人沒事情

可以出去玩，但藍色性格的老人不行，他們一生都在為子女活，到了老年更是這樣。看似管不了孩子什麼事，但那份「操心」永遠都不會停止。他們要不斷地觀察孩子們是不是都安好。如果什麼事都不告訴他們，他們就會覺得自己沒價值了。因為到了老年，他們的價值感更加展現在為孩子們服務上，現在不讓他們服務，他們的心都空了。所以如果老人是藍色性格的話，他們願意操心就讓他們操點心，太令人煩惱的事可以不告訴他們，但不要所有事都不說，得讓他們操點心、做點事，這是他們的性格需要。這就是奔波型的特點。

那麼，奔波型的人應該注意些什麼呢？

接納自己

每個人都有自己的特點，特點中蘊含著優勢潛力，如果你屬於奔波型的人，就接納自己，發揮自己的優勢潛力，去追求有價值而充實的生活。堅信自己所付出的一切，都一定會有回報，這麼做會滿足自己的性格需求，這是很重要的。也許你很羨慕休閒型的人，沒問題！可以羨慕，可以向他們學習，也可以跟他們交朋友，但別想著要把自己變成那樣，因為本性難移。其實，休閒型的人還很羨慕你呢！這兩者之間沒有好壞之分，只是特點不同。

適當地調節自己

通常奔波型的人會很矛盾，一方面很享受忙碌，另一方面又覺得自己負擔太重。所以，你要有意識地放下一些負擔，不然可能會成為工作狂，停不下來。年輕時身強力壯，這麼做沒問題，但如果有一天身體累垮了，或退休了，必須停下來的時候怎麼辦？要張弛有度，未必要一直奔跑。感覺累了，

就要有意識地調整自己，增加休閒、放空的時間，讓自己的生活更有彈性。如果做不到，可以慢慢學習，也可以找休閒型的人來與自己為伴。

休閒型

　　師徒四人中，豬八戒和沙悟淨屬於休閒型的人。工作以外的事情更吸引他們，如果非要工作，他們也是最懂得勞逸結合的人。豬八戒的遊戲心理會讓他有一個很高的工作境界，那就是把工作玩出水準來，就像我們對小朋友說：

　　「你那麼愛玩，好啊！聰明的孩子都愛玩。學語文也是一種玩啊！語文書裡有個好玩的大世界，帶著你的好奇心去旅遊就行了。能玩出高分那就叫水準！祝你在這裡玩得開心！」

　　沙悟淨的放鬆很有代表性，他能躺著就不坐，能坐著就不站，能站著就不走，能走就不跑……請不要用「懶惰」來解讀他，這裡蘊含著不做無謂浪費的意味，必須要站的時候才站，必須要走的時候才走，必須要跑的時候才跑。最早衝到終點的未必不是他！他懂得放鬆，懂得儲能，懂得不在劇烈的碰撞中跟你搶球，逞一時之能……。

　　如果你正好屬於休閒型，那要恭喜你了，通常你會活得自在舒服，該幹嘛就幹嘛，不杞人憂天，把自己活好是一切前提。休閒型的心靈溫度不是炙熱，更多的是溫暖，因為他們求平穩、求自然、求自在，他們也從這個角度解讀自由！

　　休閒型的女人即使看電視都與眾不同。綠色休閒型性格的女人會把自己窩在沙發，越懶洋洋越舒服；而黃色休閒型的女人怎麼看電視呢？她們會很熱鬧，茶几上放著瓜子、花生、遙控器，還不能少一盒衛生紙。電視

裡面笑，她們也笑；電視裡面哭，她們也跟著哭得稀裡嘩啦！如果旁邊有家人，她會不斷地解讀給你聽，或不斷地發出感慨。

對比一下，跟休閒型的女人不同，奔波型的女人通常不會一心一意地看電視。紅色性格的女人可能會一邊拖地，一邊瞄一眼電視；或乾脆抽出兩個晚上，把連續劇一口氣追完。藍色性格的女人偶爾才會看電視，可能也是邊看邊做其他的事，遇到煽情的節目也要有衛生紙在手邊，因為她們也是性情中人，看電視時也會跟著故事情節哭得稀裡嘩啦。對悲劇片，要麼不看，要麼就是看得難受到無法自拔。不同的是，第二天黃色性格的女人已經陽光燦爛，但藍色性格的女人還久久無法忘懷。

總之，休閒型的人更加崇尚自然，更加在乎生活的豐富多彩。那麼，休閒型的人應該注意些什麼呢？

享受生活也享受工作

休閒型的人很會享受生活，所以若跟他們在一起，不會緊繃，不會孤獨，不會缺乏情趣，他們會陪著你一起享受生活。如果可以選擇的話，他們的第一選擇一定不是工作和事業，而是家庭，他們很願意享受家庭生活，是願意過日子的人。可是不去工作好像不太現實，所以勞逸結合對他們來說尤為重要。既要放下自己的隨性，也要承擔起工作，只是在工作中，要根據自己的特點來合理安排娛樂與放鬆。享受生活也包括享受工作，只是如何享受工作是需要備課的。

在職場裡需要鼓足幹勁

休閒型的人在職場裡一不留神就懶散了。所以，原則性問題一定要注意，該堅持原則的時候、該保持積極工作狀態的時候、該嚴肅的時候，就

要拿出這種狀態來。對待工作，必須有意識地拿出理智，打起精神，直奔目標任務。當覺察到自己任性時，就要提醒自己：我現在處於工作狀態，不可乙太鬆懈，工作需要我的速度、效率、品質……可以試著把自己的快樂、休閒，和枯燥、繁重的工作糅合在一起，你中有我，我中有你。

奔波型和休閒型的對比只是我們對性格特點認知的一個視角，對更適合做未來伴侶的人之性格特點進行描述，為未來提供參考。在實際生活中，每個人的性格表現更為立體，也更為複雜，因為已經受到後天道德、修養、學識、文化等的影響和沁入，是先天性格與後天環境互相影響的綜合體。所以，不要把分類太絕對化，也不要忽略對方本性難移的影響。同時，奔波型和休閒型這兩類之間也會在相處中被相互沁染，所以沒有哪一類是絕對的好或不好，好與不好還是要看當下環境的接納度及評價視角。

與性格互補的人結合會怎樣

內向和外向相互補；紅色性格與綠色性格相互補；藍色性格與黃色性格相互補。或說得更明白些，孫悟空和沙悟淨性格相互補；唐僧和豬八戒性格相互補。當然，我們也不要把互補絕對化，是相對而言的。

有時候，在一個環境裡，你會發現有種人，雖然從來沒見過，但你一看到他，就感覺很舒服、很順眼，他的行事作風讓人欣賞，在人群中他會引起你的注意。有人說這是有緣！若從本然性格來看，也有一定的道理。

以紅色性格為例說明。假如對方是紅色性格的人，他會經常以紅色性格的狀態來表現，他的嘴角、眉角、服飾都能透露出他的性格訊息。他先吸引你的就是性格所反映出來的多種訊息。如果你們的修養、學識、價值觀等也能相似或相融，那可能就會一見鍾情。

那麼，誰跟誰很容易相吸引呢？看看下面這兩個故事。

參加舞會的紅色性格男生與綠色性格女生

如果要去參加舞會，誰最不願意參加？一定是綠色性格的人。可是一個紅色性格的男孩，太想去瘋狂地玩一玩了，他要找個伴，找誰呢？誰最容易聽他的話？他想到綠色性格的女孩。

「今天晚上電視臺有個舞會，我們一起去吧！」

「舞會？你饒了我吧！我可不去那種地方！」

「為什麼？滿好玩的呀！」

「我不太想去那種地方。」

「去吧！一天到晚就只知道工作，也要學會放鬆放鬆！跟我去沒事！」

「不是，看到那麼多人我就害怕……」

「妳管那麼多人幹嘛！有我呢！去吧！好嗎？」

「其實說實話，對我來說，去也可以，不去也可以。」

「那就去，有我呢！我陪著妳！」

「那好吧！去就去吧！你可不許丟下我自己玩啊！」

「跟我走妳就放心吧！」

這個紅色性格的男孩太想出去玩，太想號召別人了，誰最容易聽話？他第一想到的就是綠色性格的人。這個男孩太想做決定了，偏偏綠色性格的女孩特別不想做決定，那正好可以幫她做決定。紅色性格天生就是帶動型的人，最需要他帶動的就是綠色性格的人。一個外向、一個內向；一個主動、一個被動；一個快節奏、一個慢節奏，彼此之間都很互補。

那麼這個綠色性格的女孩會怎麼看紅色性格的男孩呢？天哪！幸虧遇

到這個紅色性格的人，要不然我可不會去參加這樣的舞會。來了以後才發現，也滿好玩的。他熱情、主動，能帶動（關照）我，我懶得動腦筋，跟他在一起滿不錯的。我沒有的，他都有；我不想做的，他想做，而且我發現他也滿需要我的，每次做什麼事都希望拉著我。當他很急的時候，我這個慢性子一出現，他反而滿開心的，他會看到我不須急躁也能把問題解決。我們兩個互補，滿不錯的！

　　他們性格互補，很重要的一個美妙之處在於，紅色性格的人說：「我在她這裡有被需要的感覺。」也就是紅色性格的人在她這裡很容易獲得成就感。談戀愛的雙方，男女之間最重要的就是這個成就感，就是有被需要的感覺。也許跟其他性格的人在一起，可能也會有被需要的感覺，但是不同於這兩個人，簡直就像兩個齒輪！一個在低的地方，另一個高；一個在高的地方，另一個低，完全吻合、嚴絲合縫。這樣的兩個齒輪在一起轉動，就能輕輕鬆鬆地往前走。人生難道不需要這樣的伴侶嗎？所以，紅色性格的人會很自然地首選綠色性格的人；反過來，綠色性格的人也會首選紅色性格的人。這樣的天然吸引，容易讓他們進入戀愛階段，至於能不能走入婚姻殿堂、能不能走好一輩子，還需要更多綜合元素來決定，但性格是非常重要的元素！

▌酒會上的黃色性格女生和藍色性格男生

　　在一個酒會上，我們發現黃色性格的女孩會把自己打扮得美豔動人，像可愛的蝴蝶，拿著杯子滿場飛，問好、碰杯，到處打招呼。但這些與她碰杯的人都不吸引她，誰最吸引她？角落裡那個安靜男生。

　　她想：他怎麼可以坐在角落裡？他怎麼可以那麼安靜？他在想什麼呢？好有魅力哦！其實我也特別想讓自己安靜一些，可是說實在話，如果我這個

黃色性格的女孩子安靜下來，別說我自己了，周圍人也都會覺得我不正常。

黃色性格的女生就是這樣，她會很傾慕藍色性格的深沉男生，這種人能帶給她一種神祕感。他總在想事情，想什麼呢？黃色性格的女孩不理解，但她就覺得這樣的男生很有魅力！於是，大膽的黃色性格女生就會端著杯子走向那個男生。要知道她是主動型的，雖然是女孩，但也會主動走過去，說：「你好！我們認識一下好嗎？」兩個酒杯就碰在一起了。這一碰，很可能就碰出了火花，碰出了故事。

其實，藍色性格的男生也在注意這個黃色性格的小女生，他想：她好可愛啊！她怎麼可以這麼大膽，這麼有自信，她怎麼可以這麼自如地表現自己？我也很想這樣，但又有點膽怯。我很欣賞她。你看，兩人都存在吸引對方的元素，自然就能走到一起。

生活中，有時需要我們外向，有時需要我們內向。該外向的時候，以我為主來面對！該內向的時候，以你為主來面對！戀愛時，兩人的關係更常是合作式的，性格互補更方便應對不同的生活內容。

那是不是表示，雙方性格互補就一定會幸福、就一定找對了呢？當然不能輕易下結論。紅和綠互補、黃和藍互補，由於互補，恰好說明他們不一樣，你強的地方就是我弱的地方；我強的地方也是你弱的地方。由於太不一樣，理解起來就很困難。比如黃色性格的人，在困難面前積極思維會多一些；而藍色性格者的思維裡，憂患意識更多一些。他們各自有各自的道理，藍色性格的人會認為對方太膚淺和輕率；黃色性格的人會認為對方太悲觀與消極。面對諸如此類的問題，該如何往良性的方向發展呢？好的婚姻需要經營，就性格而言，誰與誰的結合都會出現問題，智慧地解決才是真理。

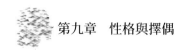

與性格相似或相同的人結合會怎樣

黃色與紅色結合、藍色與綠色結合，有什麼好處

　　黃色性格和紅色性格都屬於外向性格，藍色性格和綠色性格都屬於內向性格。外向性格的人和外向性格的人結合，內向性格的人和內向性格的人結合，會怎麼樣呢？有一個最大的優勢，就是他們做事的風格、行為模式會有很多相似之處，所以很容易理解對方，心與心之間的距離很近。比如，內向性格的你話少，不願意也不善於直接表達自己；但對方也是內向性格，他更容易理解你的這種表現形式。同時跟外向性格相比，他更容易猜到你在想什麼、你是怎麼想的、你在乎什麼、你在顧忌什麼⋯⋯。

性格完全相同的人結合會怎樣

　　我們先來舉個例子。無意中，你看到一個人，這個人你從來沒見過，更沒有打過交道，但就是不怎麼順眼，怎麼會這樣呢？這是因為兩個人有相斥性。那麼從性格的角度來看，誰會與誰相斥？誰與誰又是最相斥的呢？

誰與誰相斥

　　有吸引就有相斥，那麼，誰與誰相斥呢？紅與藍？紅與黃？綠與黃？都不是。其實相斥的是紅與紅、藍與藍、綠與綠、黃與黃。對！就是同色性格相斥。這是我們不容易想到的，為什麼會這樣？道理很簡單，比如，我是紅色性格的人，我要說了算，我要指引方向，而旁邊又來了一位說：我也要說了算，我也要指引方向。這樣的兩個人會不相斥嗎？再比如，我是綠色性格的人，柔柔慢慢的，而旁邊又來了一位也是柔柔慢慢的。要做

決定了，兩個綠色性格的人都不善於快速決斷，他們之間很難有被需要的感覺，很難在對方那裡獲得成就感，這可能就是同色性格相斥的原因了。

以我個人多年的經驗來看，夫妻中占比最大的還是內向與外向的結合；其次是紅色與黃色的結合；再者是藍色和綠色的結合。夫妻中確實也有同色性格結合的，只是相對較少。

沒必要完全絕對化

有沒有同樣性格的人結合，又很幸福的呢？當然有！有一次我在電視臺當嘉賓主持，有一個應邀的家庭中，爸爸、媽媽和兒子全是黃色性格，他們一家三口一上場就熱鬧得不得了。休息時我跟他們聊天，發現他們言談舉止裡都是滿滿的幸福。

有人問了，既然前面說同色性格是相斥的，他們三人怎麼生活得這麼好呢？我也帶著好奇心去了解，至少有三個原因。其一是夫妻的年紀差距很大。男方比女方大 18 歲，這樣的年紀差距，男方可能會有更多的謙讓與呵護心理，女方會有更多的信賴與仰仗心理；其二是環境已經影響了他們的本然性格，他們都不是單純的黃色性格了；其三是他們了解各種性格的緣由，更加知道該在什麼地方迎合對方，所以他們很幸福、很滿足。

第十章
性格與夫妻關係

家，是最安全的港灣，是卸下外包裝的地方，於是在家裡的表現，更多的是性格使然。家庭中，夫妻之間的恩愛，更多的是對對方性格的欣賞與依賴。但夫妻之間的矛盾，也更常來自性格的衝突、不理解與誤會，以致很多夫妻在分手時，問及原因都會說是性格不合！戀愛的時候只談愛情，優點被無限擴大；結婚後總要做回最原本的自己，缺點也會隨著日常生活慢慢地暴露無遺。如何看待所謂的缺點？能為婚姻保鮮做些什麼？在處理矛盾時，一定要關照到一個重要因素，那就是雙方的性格特點。

　　有一個紅色性格的妻子，大學畢業後到圖書館工作。圖書館的工作年復一年、日復一日，日子就像影印機影印的一樣。對一個紅色性格的人來說，她心中的一團火沒地方燒，於是就開始轉移方向，試圖去塑造、雕刻她那綠色性格的丈夫。

　　她的丈夫是大學老師。本來這項工作很適合他的性格特點，每天寫文章、看書、備課、站講臺，按部就班，踏實舒服。可是突然有一天，他發現妻子對他的要求越來越高了，天天在他耳邊說：你要上進，得有事業心，我們這樣過日子不行啊！一灘死水，要想辦法多接觸校外的事。你這個教授光教學不行，我們的經濟基礎還得改變……這位綠色性格的老公心想：這日子多好，沒什麼不對啊！他怎麼也不明白，老婆為什麼總是愛折騰。因為妻子上班地點很遠，家裡帶孩子、買菜、煮飯、家務事都是老公在做，他簡直成為學院裡有名的全能冠軍。但妻子還是不滿意，要他更加全能，還要在事業上更上一層樓。其實這時妻子已經在不知不覺中犯了錯，她用自己的性格去要求對方、衡量對方、評價對方。

　　就這樣，他們不能理解對方，誰也說服不了誰，也不知道該如何去說服。若干年後，這兩個人都已經筋疲力盡。紅色性格的妻子發現丈夫是朽木不可雕也。是啊！要把這個綠色性格的大學老師雕刻成企業老闆那般人

物，確實太難了。綠色性格的丈夫也覺得：我已經快累垮了，家裡的瑣事都我來應付，身體上累點沒有關係，但為什麼我心理上也這麼累呢？最重要的是，綠色性格的丈夫有一種被看不起、無能的感覺。這就觸及了一個男人的底線、一個做丈夫的底線。無奈，最後兩人還是離婚了。

原本很好的一對，完全可以和和睦睦的，就這樣分開了。生活中，很多夫妻離婚的理由都說是性格不合。真的是性格不合這個原因嗎？其實上面這對夫妻性格太合了。紅色性格配綠色性格，多好啊！真正的原因，是他們都不知道該怎麼去關照對方的性格，而只知道關照自己。

那麼，不同性格的另一半該如何相處呢？接下來讓我們從性格的角度分析一二。

如何與紅色性格的另一半相處

我們還是用上面的例子來分析一下該如何對待紅色性格的另一半。

別讓紅色性格的人閒著

紅色性格的妻子在圖書館工作，對她來說最主要的問題就是太平淡了。怎麼辦呢？工作可以調動，也可以主動適應，其實適應的過程也恰好是改善性格的過程；或者可以讓她發展業餘愛好，在工作以外發揮她的長處，發揮她的激情；還可以讓她尋找第二職業。無論如何，要讓她明白，不能要求綠色性格的丈夫去完成她自己的理想，這樣的解決方向有點捨近求遠。我們對另一半要做的事情，就是允許和支持他做自己，使他性格優勢的價值最大化。想過屬於自己的人生，這可是一個很重要的考量標準。

▌要告訴紅色性格的人失敗是很正常的

　　紅色性格的妻子不允許自己的事業平平淡淡，在她看來，這就是失敗，同時她也見不得丈夫的事業平平淡淡。生活中，有成功就一定有失敗。成功是很自然的，努力了就可能會成功；但失敗也很自然，不可能所有的事都成功，這是再簡單不過的道理。但是紅色性格的人經常會認為平淡就是一種失敗，失敗是不正常的，為什麼要失敗？為什麼不竭盡全力戰勝失敗？這需要綠色性格的丈夫來幫助她。但很可能紅色性格的妻子在家裡強硬慣了，根本不給丈夫幫助她的機會，這也是他們婚姻悲劇產生的原因之一。

▌不要直接跟紅色性格的人對抗

　　通常紅色性格的人是很倔強的，這個妻子可能也是個急性子，脾氣又大。當她發脾氣時，就別跟她吵。如果你跟她直接對抗，兩個人就一定會吵架，如果跟一個紅色性格的人吵架，通常是吵不過她的，更何況這個丈夫還是綠色性格的，能吵得過嗎？基本上完全沒辦法！如果用沉默來對付紅色性格的妻子，她會更生氣。

　　一般來說，紅色性格的人生氣就是一陣風，等這陣風過去了，再跟她交流，就會事半功倍；如果交流兩句，她又開始提高音量了，你就繼續等待，不要跟她直接對抗，等到她平息了再來交流，這樣效果會很好。人在生氣的時候，情緒的力量占上風，理性的力量會變弱，這時是很難說通道理的。切記，不要跟紅色性格的人直接對抗。

▌要幫助紅色性格的另一半放慢節奏

　　紅色性格的人節奏快，還沒深思熟慮，就急於求成。做丈夫的就要經常提醒她：「老婆，我們想一想再做決定好嗎？」「我們討論討論再說，好不好？」「先別急著下結論，好不好？」實際上，綠色性格的丈夫是最嬌慣妻子的人，老婆、孩子他都溺愛，對家人的寬容度也最大。但通常綠色性格的人嘴巴很笨，如果他的溝通效果能再理想一些，他們倆的關係也許會好很多，不至於離婚。最可怕的是，如果不改善自己，當第二次走入婚姻，悲劇依然會毫不客氣地重新上演。這也是很多人第二次婚姻不幸福的重要原因之一。

▌一定要跟紅色性格的另一半說清楚邊界問題

　　夫妻之間應該有邊界，不管什麼性格。但通常最初談戀愛的時候，他們會認為，你的就是我的，我的就是你的；我的所思所想你都要知道，你的所思所想我也要都知道。他們無意間在要求對方跟自己完全重疊，比如，不允許對方有隱私，手機上的內容完全公開，否則就會有各種猜疑和不滿……這是婚姻致命的隱患。所謂的邊界，就是各自有獨立的空間——尤其是心理空間——你要進來，需要先敲敲門，我允許了，你才能進來，不能橫衝直撞。夫妻兩人就好比兩個圓，兩個圓可以有重疊的部分，但不能完全重疊。兩個人成長經歷不同、教育程度不同、思維方式不同、性格不同，如果一味地要求重疊，二人之間就沒有邊界了，這也不可能完全做到，思考問題的方向不能朝向這裡。如果家裡有紅色性格的另一半，就更得講究邊界問題。在家裡，哪些事歸我管，以我的決定為主；哪些是你的勢力範圍，以你的決定為主。要相互尊重對方的心理權限，要不

然紅色性格的他一定會毫不客氣地侵入你的領域，矛盾就會產生。

　　紅色性格的女性千萬不可以當家庭主婦（全職太太），她們很不適合，為什麼呢？本來工作還不錯，兩個人關係也很不錯，後來她的另一半當了醫院的副院長，妻子說：「從今天起，我辭職不做了，完全在家相夫教子，好好地支持你。」結果怎麼樣？今天懷疑老公跟哪個女性關係不正常；明天又感覺老公對自己的態度不對勁；後天又跟蹤，甚至鬧到公司去。這樣一直鬧來鬧去，到分手的時候才發現，愛情就像一捧沙子，握得太緊，沙子反而漸漸地從指縫裡漏了出去。

如何與綠色性格的另一半相處

　　前面談到如何與紅色性格的另一半相處，下面就來說說如何與綠色性格的另一半相處。我們還是用上面的例子來說明。紅色性格的妻子在圖書館工作，綠色性格的老公在大學教書。妻子自己的工作不如意，就想改變老公，想讓他像企業家一樣成功，最終誰也無法改變誰，痛苦地分手了。很多做妻子的，都要求男人們在事業上成功，這是再正常不過的了。可是恰好丈夫是綠色性格的人，他對事業成功有他的標準，這個標準和妻子的標準完全不同。他認為在大學把書教好，只要不出差錯，學生們喜歡，領導者沒意見，有很高的社會地位，收入也不低，還能挪出時間關照家庭，這就是一種成功。

　　婚姻關係裡，最容易犯的錯，就是一定要把自己認為最好的東西給對方，哪怕是強加！妻子覺得自己是因為愛他、愛這個家，才會這麼做。問題是，這裡面有多少成分是愛妳自己呢？妳給的東西是他想要的嗎？如果

妳不顧及他的感受、不顧及他的性格，繼續強行地給予，時間久了，必然
會出問題。那麼，面對綠色性格的另一半，該如何相處呢？

千萬不要對綠色性格的另一半說：太慢、太會拖

「拖拖拉拉」是個負面的詞，請把它從夫妻字典裡永遠刪除！這是對紅
色性格的另一半說的。因為紅色性格的女人做妻子，對綠色性格丈夫那慢
條斯理的樣子，真是又愛又恨。高興的時候不說人家拖拖拉拉；不高興的
時候，或趕時間的時候，就會不斷催促他。

我們常說「要關照對方，要關心對方，要理解對方」，理解什麼呢？很
重要的就是要理解他的「性格」。原來他這麼做，是他的性格使然，這個部
分需要得到尊重與關照。他用這樣的速度做事，在他看來是正常的、是不
耽誤事的，他認為按部就班地做好每個步驟就是最快的速度，如果按照紅
色性格的速度，就太快了，反而要承擔粗枝大葉帶來的後果。用紅色性格
的要求去衡量綠色性格的另一半，肯定會出問題。其實根本不用擔心他的
速度問題，雖然是慢性子，但他什麼都沒耽誤啊！你上班總是提前到達，
人家上班也從未遲到過；你能獲得成就，人家也能獲得。

不要對綠色性格的另一半大喊大叫

面對大喊大叫的你，綠色性格的人不會跟你吵，他會選擇不出聲，隨
你怎麼吵。紅色性格的人要趕快打住，停止對另一半大喊大叫就好了。但
是紅色性格的另一半會說：「我寧願他跟我對著吵，就怕他不出聲。」這
時，綠色性格的另一半就會想：「做人真難啊！我不出聲還不行，你到底講
不講理啊？」

綠色性格的人就是這樣，他的牛脾氣起來後，可以一星期不跟這個

紅色性格的另一半說話。紅色性格的另一半簡直要氣瘋了：「有本事跟我吵兩句啊！打也行，別不理我啊！」綠色性格的另一半依然保持平靜的表情，好像在說：「對不起，我就是不理你。」這一招倒是對了，這叫和平解決法。如果用吵架來解決，會有危險。第一，綠色性格的人不會吵架，吵起來肯定吃虧；第二，真要爭個輸贏來，就不好了，夫妻之間很忌諱誰贏誰輸，大家都該讓一步。最好的方法是等氣消，等沒有火藥味的時候再來溝通。

▍面對綠色性格的另一半，一定要經常吹耳邊風

　　沒有固定話題，沒有固定時間，尤其不要一本正經地談話，問題要具體，讓他用幾句話就能完成。也就是說，不要設計一些需要大篇幅說明才能完成的問題；可以向他請教，但千萬不要用命令式的語言。總之，就是要讓綠色性格的丈夫說話，說什麼都行。其實這就是一種溝通，就是一種語言訓練。如果妻子能用撒嬌的方式來進行，就更棒了。學習做很柔、很美的女人，這是女人的一門必修課。但四種性格中，紅色性格的妻子做起來更難一些。對紅色性格的妻子來說，這麼做確實是一種挑戰。女人可以很柔、很美地去影響丈夫，或妳可以很溫柔地堅持妳的原則，這時綠色性格的丈夫會很容易接受。

▍不要強求綠色性格的另一半跟你的節奏一樣快

　　有時候，人會在不知不覺中，以自己的節奏要求對方。要求的人覺得自己有道理，被要求的人卻面臨著要改變自己、但本性難移的局面。有些東西是很難改變的，很多人不懂得這一點，結婚前就下定決心：「將來我要好好改造他。」這樣做是不對的！每個人的性格都是與生俱來，可以改

善，但如果強行改造，很可能帶給對方不被認可的負面感受。

快節奏有快節奏的生活方式；慢節奏也有慢節奏的生活方式，它們都有自己存在的理由。身為另一半，我們需要更理解和接納，盡量讓他做自己。一個人做自己的時候，是最舒服的，愛一個人就要讓他更舒服，而不是要對方更服從你。大部分的人在婚前可以做到盡量為對方著想，願意花力氣接納對方，但婚後就逐漸變了。對紅色性格的妻子來說，不要強求綠色性格的丈夫跟你步調一致。人家天生就是慢性子，要相信他可以用他的節奏完成他的使命。

家裡的事情盡量讓他做主

紅色性格的人可以稍微往後退半步，這樣，當你不在家的時候，綠色性格的另一半可以自己做決定，而不至於太依賴你。夫妻一起生活的過程，也是共同成長的過程。成長的前提是接納對方原有的性格，同時理解對方為什麼會這樣做，是性格使然？還是惰性使然？如果另一半有改善的希望是最好的，但別忘了給他鼓勵和支持！兩個人努力的結果，是使雙方的性格更加和諧，但沒必要追求完全相同，這也是不可能做到的。如果婚姻的過程是享受的過程，又是成長的過程，這就是很好的婚姻了。

如何與黃色性格的另一半相處

如何與黃色性格的另一半相處呢？先來看個故事。

有一對小夫妻，妻子是黃色性格，丈夫是藍色性格。黃色性格的妻子特別可愛，能說能跳，是家裡的開心果。有一天睡覺的時候，黃色性格的

妻子說：「親愛的，你瘦了很多，太辛苦了，從明天開始，我絕對不允許你空著肚子去上班！我都已經準備好了，開始每天為你煮營養早餐，要有雞蛋、有牛奶！」承諾得一清二楚，丈夫這個晚上睡得又甜又香！

第二天早上，鬧鐘一響，妻子百米衝刺般地穿上衣服，拎起包衝出家門。丈夫還以為她衝進廚房了呢！大半天沒聽到聲響，才發現原來人家早上班走了。藍色性格的丈夫心想：「大概是今天時間晚了，原諒她一次吧！」

隔天早上，丈夫又在等待那可愛的早餐。其實，早餐是次要的，妻子心裡有他，才是最重要的。沒想到，第二天早上起來，妻子又像旋風般地衝出家門，又沒有進廚房！完全把早餐這件事忘在腦後。她是故意的嗎？這表明她心裡沒有丈夫嗎？問題還沒有答案，可是那位藍色性格的丈夫已經生氣了：「昨天妳忘了，今天妳又忘了！好！我等著，看妳什麼時候會想起來！」

一星期過去了，還是沒有任何動靜，到了第十天，兩人因為另外一件事情吵起來了，而早餐就成了導火線。藍色性格的丈夫翻了一堆舊帳（藍色性格的特點—愛翻舊帳，說今天的事時，可能會把幾十年前的事都給翻出來）：「妳說要給我的早餐在哪裡？妳就是心裡沒有我！妳看我們家亂的，這像是個有女人的家嗎？妳現在可以馬上告訴我，我們家的剪刀放在哪嗎？指甲剪放在哪？」每次吵架，藍色性格的丈夫都會說類似的話，結果本來一對很好的夫妻，就因為這些瑣碎的事，每天都爭吵。

這樣的另一半該怎樣對待？先來看看與黃色性格的妻子應該如何相處。

黃色性格的妻子需要哄

首先，你得哄她，越哄她就會越乖、越勤快。當然女人都很吃「哄」這招，這跟性別有關，也跟性格有關。就性格而言，黃色性格的妻子是最「吃哄」的。

就拿上面的案例來說，遇到黃色性格的妻子，第二天睡覺的時候，丈夫可以說：「哎呀！我老婆真好，還想著幫我準備早餐呢！是吧？」黃色性格的妻子就會立刻回答：「真是的！老公，幸虧你提醒我，我都忘了。不行，我現在就爬起來把它準備好，省得明天早上時間來不及！」她會立刻改正。夫妻相處就是這樣，如果話說對了，一瞬間就能使另一半改變。

可是，這個藍色性格的丈夫卻沒有這麼做。其實只要提醒一句，很簡單的事，為什麼做不到呢？一來是因為藍色性格的丈夫不懂得迎合黃色性格的妻子；二來是藍色性格的丈夫以為她的忘記是暫時的，會想起來的。很多藍色性格的人都以為對方會理解他，對方是明白的。他可以用默默忍受來對待這件事，但不等於他會忘記，一段時間後，甚至若干年後，他都有可能再提及，這是藍色性格的另一半需要注意的地方。在了解黃色性格的妻子後，藍色性格的丈夫別忘了哄哄她，你會發現妻子的表現會特別好。

要經常檢查黃色性格妻子的做事進度

黃色性格的妻子做事粗心。比如，廚房還在煮菜，她會去其他地方蹓躂，或去做其他事情，等到全家都聞到燒焦味了，她才想起火上還在煮菜呢！所以，對黃色性格的妻子，丈夫一定要記得提醒：「老婆，別忘了瓦斯爐上的菜啊！」也就是一句話的事情。黃色性格的妻子還會把衣服丟進洗

衣機裡後就不管了，看電視、打麻將、收拾家務，三天後才發現洗衣機裡的衣服還沒拿出來晾呢！所以，黃色性格的妻子做事情需要你經常不斷地督促、檢查。不用說太多，一句話就行了：「老婆，洗衣機！」她立刻就會想起來了。別擔心她會不高興，反而她會很高興你提醒她，因為她知道自己很容易忘記，對自己又忘記了會不好意思，所以你提醒她一下，她會更愛你。可是，很多丈夫不懂這一點，對妻子的粗心大意總是頭痛得要命，偶爾提醒幾次還行，日子久了就沒有耐心了，不是抱怨就是橫加指責。請理解她的性格特點，她不是故意的。

在整齊劃一這個問題上，對黃色性格的妻子不要要求太高

我在做培訓時經常說：「所有的女士請把包包拿出來。」我一看包包大概就能知道誰是黃色性格的人。黃色性格者的包包很有意思！首先是很大、色彩亮麗，然後我說：「我可以看看裡面的東西嗎？」通常她們都是很大方的，會爽快答應。打開一看，怎麼樣呢？一個字：「亂！」兩個字：「歷史（包包裡裝著歷史）！」比如，衛生紙用完了，裝衛生紙的空塑膠袋還留在包包裡，而且不止一個；還有驢年馬月的發票也丟在裡面。

甚至還有更有趣的呢！

我拿出一樣東西來，這個女士說：「天啊！這個東西是什麼時候放進去的？」我又拿出一樣東西，她又驚奇地叫道：「我包包裡怎麼還有這個東西？」我相信如果去參觀她家裡的抽屜和衣櫃，也會讓人笑翻。

這就是黃色性格的人。所以在整齊劃一這個問題上，不要對她要求太嚴格，差不多就行了。在這個問題上，她能做到八十分，就要當一百分來對待了。可是藍色性格的丈夫恰好是最規矩、最整潔的，他受不了雜亂。

如果真受不了也沒關係，抽屜不是有兩個嗎？你們一人一個；衣櫃劃分出區域，各用各的。一邊幫助她成長，一邊也別讓自己太委屈，不就解決了！

跟她一起夢想

黃色性格的人是最崇尚浪漫的，想像力極其豐富，甚至充滿了幻想。她什麼事都敢想，什麼事都敢說，做不到的事情，想想也可以很開心。跟老公聊天時，她會說：「老公，要是……的話，明年我們就可以買車了！你說我們買什麼車好呢？老公，我們好久都沒出去玩了，這次放假，我們去洛杉磯如何？」其實能不能買，或能不能去，都沒那麼重要，她也只是說說，過過嘴癮而已。

可是，藍色性格的丈夫經常不給她夢想的機會，說：「妳就異想天開吧！妳向來就是信口開河，一點都不務實。」經常以批判的口吻去說她。其實，妻子並不是非要得到那些東西，只是夢想一下，為什麼連做夢的權利都不給她呢？幹嘛不迎合一下呢？又不是原則性問題。

如何與藍色性格的另一半相處

藍色性格的丈夫該怎麼相處呢？我們還是以上面這個例子來說明。妻子忘記做早餐，藍色性格的丈夫不高興，還「記仇」，這該如何是好呢？

幫助藍色性格的丈夫選擇適中的「完美」

每個人對整齊的要求和認知是不同的。比如有的藍色性格的人，見不得地上有一根頭髮；東西從哪裡拿，用完之後一定要放回原處；要求家裡

各個桌面都一塵不染……或者說，藍色性格的人在家裡的規矩很多、規則很多。如果在家裡，藍色性格的另一半稍寬鬆一些，黃色性格的另一半稍整齊一些，家裡稍微有點亂，只要大家都可以接受，那就行了！藍色性格的丈夫不要要求太嚴格，黃色性格的妻子也不要過於散漫，都向中間靠攏一點，有這種靠攏的意識就很可貴，不要用自己的標準去衡量對方。

在生活中，我們發現婚姻的過程也是兩人性格磨合的過程，那些懂得愛惜婚姻生活的夫妻，若干年後，互相學習和接納了很多對方的性格特質，同時也包括對方的習慣、意識、觀念、價值觀等。也有很多夫妻，結婚後就開始吵，誰也不讓誰，都認為自己才是有理的，他們在跟道理說話：「你應該這樣做才對！」「難道我說的不對嗎？」「明明知道我不喜歡你這樣，怎麼就改不了呢？」可是我們的行為只會服從我們的習慣、性格等，很多時候，大道理都是正確的廢話。但藍色性格的另一半是最容易要求苛刻的，苛求過多，就會變成挑剔。所以，請藍色性格的另一半稍微寬容點吧！這樣自己輕鬆，另一半也不累。同時，如果黃色性格的妻子發現藍色性格的丈夫表現得很寬容時，就會及時肯定與感謝。

大嗓門會讓藍色性格的人關閉心扉

藍色性格是內向性格，他要是急了，就會不理你，甚至關起心門。對黃色性格的妻子來說，這會讓她更著急，因為她不善於猜心思，對方採取置之不理的態度，她就會沒了方向。而藍色性格的丈夫會把妻子的不是默默記在心裡，自己陷在情緒裡翻江倒海。這樣解決問題，對雙方和家庭都是有破壞性的。

黃色性格的妻子是急性子，生氣時很容易提高嗓門。這時一定要克制自己，可以深呼吸幾下，或為了不發火，可以採取暫時離開的方式，平靜

下來後再談，會好很多，因為兩人都在理性的狀態下，才會容易溝通。急功近利不僅表現在職場裡，家裡也存在這種問題。家裡出了問題，我們都恨不得快刀斬亂麻地立刻解決掉。因此，你會發現，現在人們的火氣越來越大了，一點就著，誰都沒有耐心聽對方解釋。其實，太多事情就是要慢慢來才能得到最佳效果。黃色性格的妻子把自己的音調降下來，節奏自然就會變慢，這更有利於培養自己的沉穩，藍色性格的另一半也會更容易接受。

▎黃色性格的人要記住自己的承諾，尤其是細節部分

根據我的經驗，記憶力最好的是藍色性格的人，他會永遠記得你的承諾，而且連細節都記得清清楚楚，你不能不兌現。「我要為你做早餐，有雞蛋、有牛奶……」這句話幾十年後他還會記得！這就是藍色性格的特點。而黃色性格的妻子恰好是不太注意細節的，如果她說：「老公，你放心吧！我會對你好！」藍色性格的另一半會認為你在敷衍他。一定要有細節，他喜歡聽「有牛奶、有雞蛋的早餐」這種具體的承諾，這很符合藍色性格的口味。

如果承諾了，就一定要完成；不完成，藍色性格的另一半會很生氣。為什麼呢？因為藍色性格的人不會輕易向別人承諾，一旦承諾了，他會力爭完成，且記得清清楚楚，除非有什麼客觀原因讓他無法實現，但他也一定不會隨便忘記。自己是如此，他也會這樣來要求黃色性格的妻子，對妻子的隨便承諾、粗心大意會很不能理解。所以，黃色性格的妻子還是不要輕易承諾，如果承諾了，就盡量記住它、實現它，哪怕只做了幾次不能持之以恆，也千萬不要忘記。

和藍色性格的另一半在一起，要學會察言觀色

內向性格的人有什麼不太愉快的事，是不願意表達出來的，所以需要你學會察言觀色，不然很難知道他的情緒。藍色性格的人管住嘴巴的本事，比黃色性格的人高多了。有意見時，他更傾向於沉默。若把他惹惱了，他會把舊帳、新帳全都拿出來一起算。選擇不表達的話，他可以容忍很長時間。黃色性格的妻子一方面很欣賞他的沉著穩重，另一方面又很難理解他，更不擅長迎合他。

其實，藍色性格的丈夫好幾天沒有吃到妳承諾的早餐，他一定是不愉快的，既然不愉快，就一定會有所表現。跟他在一起就要善於察言觀色，發現他哪裡不對勁，然後「對症下藥」。而對藍色性格的丈夫來說，也完全可以再主動一些，要理解黃色性格妻子的個性就是如此，她並不是故意的，不要把她的行為跟「不負責任」、「不關心我」、「不體貼」、「不愛我」相連結，很多時候誤會就是這樣產生的，怨恨也是這樣累積的。事實上黃色性格妻子的行為模式跟你有所不同，是性格使然，不是她不愛你。如果你理解了，就不會跟她計較了。或你堅持在第三天晚上繼續善意地提醒她早餐的事；或聊天的時候表達出沒有吃到愛心早餐的遺憾，黃色性格的妻子會摟著你的脖子說抱歉的。

要經常問藍色性格的另一半「你在想什麼」

對藍色性格的丈夫，一定要經常問對方在想什麼。因為藍色性格的人擅長想而不擅長說，所以你要經常問。如果黃色性格的妻子經常問：「老公你在想什麼呢？」說不定他就會告訴你：「我在想我的早餐！」聽到這句話，妻子立刻會想到她說過要幫老公做早餐的事，說不定第二天早上，老公就能吃到可口的早餐了。如果生氣了一個禮拜都不說出口，等到吵架時

才來翻舊帳，反而會讓妻子很尷尬，從而加劇夫妻之間的矛盾。藍色性格的人想得多、說得少，即便是跟妻子在一起，他也是這樣，這就是他的性格。所有的話都給黃色性格的妻子說了，丈夫總是當聽眾，久而久之，他會更不願意交流。而生活中，黃色性格的妻子喋喋不休，只顧自己說，忽略了丈夫的傾訴，或給丈夫傾訴的時間太少，丈夫的很多想法，妻子都不知道，於是你會聽到很多黃色性格的妻子對藍色性格的丈夫說：「跟你在一起幾十年了，我怎麼還是猜不透你呢？」所以，黃色性格的妻子要有意識地使自己成為聽眾，挖掘一下丈夫的內心世界，這樣兩人的距離才會拉得更近。

夫妻之間要好好相處，一定是有方法的。其實，有些方法很簡單，如果掌握了，就能輕鬆地處理好夫妻關係；反之，則可能因小事情而結成大恩怨。若某天兩人都承受不了了，就只能不歡而散。如果在不了解問題根源的前提下，又走進第二次婚姻，那第二次婚姻也很難幸福。當然，能否與另一半相處得好，是由很多因素決定的，性格是其中之一，但一定不能忽視其重要性。如果了解各自的性格特點，夫妻間的幸福指數會增加很多。

第十一章
性格與心理健康

人們常說身體健康是首位，但在我看來，心理健康應該放在首位，因為如果一個人只是身體健康但心理不健康，會做出很多常人難以理解的事情。但如果一個人心理是健康的、積極向上、陽光燦爛的，那麼即便身體有殘疾，也能活出光彩來！

　　那麼性格和心理健康有什麼關係呢？生活中，有壓力就一定會有情緒。不同性格者的情緒表達是不同的。了解和理解各自的情緒特點，允許他有和自己不一樣的情緒特點，允許就是接納，一旦你採取接納的態度，對方會在被理解的態度裡感受到安全，會自行消火。另外，接納就是主動給對方空間，幫助他消火，比如專注傾聽、不斷地點頭。身邊若有這樣理解自己的人，通常就不會顯現出破壞性情緒，比如砸東西、動手打孩子……。

　　我們先來了解一下情緒。情緒分兩大類：一類是積極向上的情緒，比如快樂、興奮、激動、興高采烈等；一類是負面消極的情緒，比如害怕、傷心、悲痛、恐懼、焦慮、不安、自責等。在這裡，負面情緒未必不好，也內含正面的意義和轉化的可能。本章講的主要是負面情緒。那麼，該如何看待這類情緒呢？

　　首先，情緒有一個外傾的趨勢，它是一定要往外釋出的。如果條件允許，就讓它釋放出來。如果內心積壓太多情緒，而又不能及時釋放，終有一天無法忍受壓抑的痛苦，可能就會崩潰。很多患有心理疾病或自殺的人，都跟長期壓抑情緒有關，如果他平時就能善待情緒，經常給情緒良性的出口，也許就不至於這樣了。

　　其次，保持定量的情緒是有好處的。比如害怕，如果過分害怕，就會變成恐懼，可能會停滯不前，甚至退縮，被恐懼壓到無法動彈，那是很糟

糕的。但懂得和保持一般性的害怕，會讓我們對安全保持警覺。由於懂得害怕，過馬路才會看紅綠燈；由於懂得害怕，下樓梯時才會注意速度和臺階的高度；由於懂得害怕，才會認真準備第二天的發言稿……所以，當情緒保持在一定量的時候，它能促使我們成長，能促使我們警醒，這是很有意義的。

再次，情緒是有記憶的。很多人會誤解，以為此時有情緒，不用理它，過去就好了。其實，不被理會的情緒，隨著時間的推移，看似消失了，其實還留存在記憶的深處，遇到導火線，就會一觸即發。所以要善待情緒，並對情緒做積極的處理。

外向性格的情緒特點

紅色性格者的情緒特點

紅色性格的人一旦有了情緒，該如何表達呢？通常他們脾氣大，發脾氣的頻率比別人多。他們一瞪眼，周圍親近的人就不敢惹他們了，或敬而遠之，或繞道而行。他們不好通融，一旦惹惱他們，發脾氣的樣子是天崩地裂、不計後果的，更不會顧及對方的感受，所以也會因此得罪人。

從師徒四人中可以看到，誰的脾氣最大，誰最不好惹？那就是孫悟空了。他發起火來勢不可擋，恨不得橫掃一切。生活中的人沒有他這麼厲害，但心理傾向是相似的。

黃色性格者的情緒特點

黃色性格的人活潑開朗，他們不擅長隱藏情緒，有情緒當下就會表達出來，也不會掩蓋，內外一致。黃色性格的人經常被人說沒有城府。他們的情緒是隨有隨發，這樣好不好呢？有好的一面，也有不好的一面。好的一面是，他們有情緒了，會讓情緒發洩出來，不會壓抑自己，同時，黃色性格的人通常都很喜歡說話，會找人訴說自己的苦悶，這可以發揮調節情緒的作用。所以這個性格開朗、沒心沒肺的人，很少得到憂鬱症、強迫症之類的心理疾病。不好的一面是，他們控制情緒的能力不高，有時會不顧場合，而只顧自己情緒的發洩。所以，我們看到豬八戒牢騷滿腹的時候就是這樣。

總之，紅色和黃色這樣外向性格的人，他們的情緒特點是不願意掩蓋自己的情緒，也不善於掩蓋，其實這正好是對情緒的一種調節，對心理健康而言是非常好的事情。如果人有情緒都悶在心裡，不讓它釋放，反而會對心理健康帶來威脅。

內向性格的情緒特點

藍色性格者的情緒特點

藍色性格的人整體而言是偏內向的，他們會根據需要來決定是否把情緒藏起來。如果環境很安全，他們的情緒發洩是很充分的，比如他們會用挑剔、抱怨等方法來釋放情緒，這種時候說出的話語未必嗓門大，但很尖刻與辛辣。如果場合不對，他們會壓抑情緒，使它不那麼明顯地表現出來。通常我們認為，沒有把他們惹惱，他們是不會爆發的，因為性格特點決定了他們是很含蓄的，不會直截了當地拋出情緒。一些隱藏很深的情

緒，他們是不會輕易外露的。唐僧最生氣的一次，應該是把孫悟空趕回花果山的那次了，但當時的情緒表達也是平平的，我們只知道他生氣了。但這跟他的職業修養有關，面對這麼大的事情，要是放在生活中，藍色性格者的表達可不會這麼平淡。

綠色性格者的情緒特點

綠色性格者的情緒像保溫瓶，裡面是滾燙的開水，但外表還是冷冷、淡淡的。心裡雖然翻江倒海、熱血沸騰，但別人很難看出來。若綠色性格的人非常生氣、特別沮喪，也會火山爆發，但次數很少。他會把情緒輕輕地擱置在那裡。有沒有解決呢？沒有。若干年以後，積攢得太多了，密度太大了，又有了導火線，就會像岩漿一樣噴發出來。師徒四人中，情緒起伏不大、最穩定的是沙悟淨。除了跟妖怪決鬥時，我們沒有看過他大發雷霆，只會有些小幅度的起伏而已。生活中綠色性格的人發脾氣的機率很低，他真的是這個世界上脾氣最好的那一群。

整體而言，內向的人都不善於跟人分享他們的內心世界，都有幾分靦腆和內斂。他們更擅長透過對事物的再解讀來自我化解情緒。

環境對本然性格的不良影響

出生後我們生活在不同的環境中，想改變環境很難，於是我們從小都在學習如何努力適應環境。比如從物質層面來說，生長在貧窮家庭的小孩從小就勤儉，這是因為家庭因素……從精神層面來說，我們從小就學著適應父母的脾氣，以便獲得他們更多的愛……再比如，生命中最重要的人物、刻骨銘心的經歷、不同的信仰、長期的職業習慣、來自另一半長年累月的影響、性別意識、家庭排行……這些都會對本然性格有所影響。我們先來說不良影響。

　　以下，我僅從家庭教育這個角度來舉例說明後天環境對本然性格的不良影響。這些不良影響會直接影響兒童時期的心理健康，甚至會延續到他們成年以後。

▋ 小心謹慎與自卑

　　某個小男孩是藍色性格，但他的媽媽正好是黃色性格。大家還記得黃色性格跟豬八戒相似，藍色性格跟唐僧相似。藍色性格的小男孩看到遠處的遊樂區有很多小朋友在玩，他很想去，但他第一次到這個環境，有點害怕，要媽媽牽著他的手一起去；媽媽請他自己到樓下超市買東西，孩子堅決不肯一個人去；剛開始寫作業也非常希望媽媽能陪寫……再大一點，獨立站在講臺演講、積極舉手發言……這些需要獨自完成的事情，非常挑戰藍色孩子性格中的「小心謹慎」，可是媽媽不理解，也不接納。每當這種時候，黃色性格的媽媽會顯得沒有耐心，數落孩子膽小，說他不像男子漢，還說再不去的話媽媽就要生氣了……流露出嫌棄、不滿、排斥，甚至討厭的神情，藍色性格的孩子會從媽媽的表情中一一捕捉到，並會借此給自己這樣的評價：我是很糟糕的，我是很笨的，我不能獨立完成，媽媽的失望是我導致的……長此以往，藍色性格的男孩就會真的變得膽小、唯唯諾諾、舉步維艱、看不起自己、常常自責、有負罪感，甚至造成了自卑心理，這就危害到心理健康了，而且很可能從童年延續到成年。

▋ 黃色性格孩子的表達欲不被認可

　　她是一個黃色性格的人，可是為什麼她說起話來這麼緊張？表達也不流暢？她說自己非常害怕這樣的場景，遇到這些場合就會止步不前、非常緊張：向領導者匯報工作，哪怕是跟組長匯報，都免不了會緊張；害怕開

會時站起來發言；害怕獨自上臺做工作內容介紹；跟客戶的交流也總是緊張兮兮的。這麼說吧！只要是正式場合的講話，她都深覺不自在，很想逃避。她認為自己是有缺陷的人，認為自己總會說錯話，認為自己很蠢、很笨。這樣的自我認知，對她的心理健康當然會帶來負面的影響。那是環境中的什麼人、什麼事影響了她呢？照理說，黃色性格的人喜歡當眾表達，那是讓她展現美好感覺的時刻。追其原因才發現，她有一個藍色性格的媽媽。藍色性格者對人、對己都要求很高。藍色性格的媽媽對她要求特別嚴格，讓她最不願回憶的童年時期，就是媽媽說過的這些話：「閉嘴，哪來那麼多話！」「妳還沒想好就說？說出去的話是收不回來的，妳知不知道？」「妳都說了些什麼呀！不會說就不要說！」「禍從口出知不知道？跟妳說過多少次了，深思熟慮後再發言！」「張口就說，不經大腦，這個缺點必須改正！」「又開始多說了，給我閉嘴！要多想，少說！」「話這麼多，又說不好，會遭人嫌棄的」……媽媽這些話語每一次出現，黃色性格的孩子感受到的都是被打擊、被挑剔、嫌棄，甚至被蔑視。在這樣不被認可的情況下，日子久了，她的表達欲逐漸被壓抑在內心深處。媽媽對她的表達、指責或制止，沒有寬容和接納，媽媽也沒有教她更好的表達。

▌紅色性格的男孩被溺愛，用刀捅向室友

一個紅色性格的男孩，是獨生子，又是大家族這一代中唯一的男孩，有父母的寵愛、爺爺奶奶的寵愛 —— 準確地說是溺愛。本來紅色性格的關鍵字就有：勇敢、堅定、有主見、大氣、不服輸、充滿信心、堅持主張、勇於挑戰、果斷迅速、大膽發言、慷慨大方……可是，溺愛下長大的孩子，就只剩下無法無天了！因為溺愛的表現方式經常是放棄原則。他身邊的至親們，最重要的原則就是「只要孩子高興，就隨他去」。原則是

邊界；原則是底線；原則是紅燈。失去了原則的約束，一匹野馬肆意狂奔，闖禍的頻率越來越高，老師告狀、同學告狀、街坊鄰居告狀，但紅色性格的男孩並沒有從大人的處理方式中得到教訓，他把勇敢當成豪橫，把大氣當成揮霍，把不服輸用在打架鬥狠上。隨著年紀增長，他甚至能感覺到家人在愛他的同時有點怕他，既怕他闖禍，不學好，又怕他受一絲絲的委屈而不快樂，還怕他回到家來肆意妄為，給家裡帶來不安寧。他們已經管不動這匹野馬了，紅色性格男孩的有力武器已變成「你們要是……我就……」，意思是只要不滿足他的要求，他就要去闖禍，就要去做更大的壞事來嚇唬你們、懲罰你們、要挾你們。終於有一天，在學校因為幾句話不合，他拿水果刀捅向了室友……孩子原本是天真無邪的，誰影響了他的心理健康？他又是為何走到今天這個地步的？實在令人扼腕。

環境對本然性格的助益良多

上面我們聊了一點家庭教育環境對本然性格的不良影響，其實生活也有很多內容對本然性格有助益，讓其優勢更加價值最大化，並讓劣勢部分有存在的空間和轉化的可能。如果一個人的本然性格在後天環境中能得到更多關照，並從兒童時期就幫助他成為最好的自己，那麼這樣的人心理健康的指數也會相對較高。比如，一個 4 歲的綠色性格女孩，溫柔可人，不愛說話。她媽媽是電視臺主持人，發現女兒的表達能力太不像自己了，於是她工作時，就利用一切可以利用的機會帶著女兒，女兒跟著媽媽，有很多機會可以在攝影棚裡玩。媽媽在工作時，外祖母帶著她在攝影棚裡隨意遊逛，跟各位嘉賓說話、玩耍。她經常看媽媽主持，享受電視臺裡各路語言高手的薰染，媽媽還逐漸鼓勵她在眾人面前說話，後來還可以表演個小

節目。就這樣在不知不覺中,綠色性格的害羞、靦腆被弱化了,用她媽媽的話來說,就是「現在像是我的女兒了」。這就是環境的助益。

再比如,一個藍色性格的 8 歲男孩,他很愛乾淨與整齊,別人不能亂動他的東西;他的每一樣玩具都必須放在固定的地方;每天早上穿衣服,如果有一點點的不舒服,就會脫下不穿,大喊不舒服,其實就是衣領下的標籤沒有剪去這樣的小事;洗手間用紙看起來不順眼也不行……這些既有他的本然性格使然,也有藍色媽媽的性格使然。媽媽也是藍色性格,她也很愛乾淨整齊,事事求完美。後來她覺察到,是自己把孩子關照得太過仔細、太過講究,才讓孩子變得事事挑剔。從此媽媽對自己、對孩子,甚至對老公的照顧,有意識地粗線條一點。假日一定會讓孩子離開自己,去參加各類活動,或去各種孩子成堆的遊樂區域,或去親戚家;從 8 歲開始,每年都堅持讓他獨自參加冬令營、夏令營。不知不覺中,他可以接受粗線條的環境了,也不那麼挑剔了,還學會了關照小朋友,跟大家分享他的禮物、玩具,在人際關係裡也更加大膽、主動、熱情了!這種後天環境的助益,使藍色性格的孩子沒有往不健康的方向發展。

再比如,黃色性格的孩子,在語言發展上本來就屬於「天生麗質」,父母借助這個天然優勢,把他送到演講班、口才班、小小記者營,他很容易在這些方面獲得一流的水準。他參加各類小小演說家的比賽、主持人比賽,讓他在口才與表達方面,得到了多方位的鍛鍊,見識了各類大大小小的舞臺與講臺,還讓他更喜歡語文課了,他的作文也能快速上手,並參加多種層級的作文比賽。語文課的自信,又會帶領他去滿懷信心地探索其他科目,幫助他更愛學校、愛老師、愛同學、愛讀書。他小小年紀就做出決定:將來一定要讀傳播媒體科系。這就是後天環境幫助孩子成為最好自己的例子。

性格與心理亞健康

　　沒有哪種性格是完美的，換句話說，每個人都有不同的性格缺陷，或多或少，或重或輕。絕大部分的人沒有心理疾病，但有可能有「心理亞健康」。就像身體的亞健康，看起來沒有什麼病，但不夠結實，體質有點弱，需要加強鍛鍊以預防疾病。為了讓我們的心理更健康，以下從本然性格這個角度，來了解性格與心理亞健康。

紅色性格心理健康警示錄

自戀

　　紅色性格的人通常是自我感覺非常良好的，他總認為自己是正確的。他很難允許旁人質疑他做決定的能力。只是要小心，自我感覺良好不能太過度，自我評價要足夠客觀，才是對自己清醒而準確的了解，否則會在不知不覺中發展成自戀狂。所以要帶著覺察，自我評價的同時，也要留意來自周圍者的評價。另外，要多自省。

嫉妒

　　紅色性格的人離狂妄自大的距離最近，他們從小到大都很優秀，總是出類拔萃。他們習慣自己是優秀的，如果身邊來了比他們還優秀的人，他們就會不習慣，甚至不能容忍，很可能由此產生嫉妒心理。也就是說，一旦有人威脅到他們的成就感，他們最容易產生嫉妒心。嫉妒會影響到我們的心理健康。

焦慮

紅色性格的人經常說別人跟不上他們的節奏，如果他們總得不到想要的結果，就容易急躁和焦慮。紅色性格的人最害怕排隊，最害怕塞車，最害怕時間到了，結果還沒出來……一遇到類似的情況，他們就心急火燎，就會發脾氣，就會親力親為。可以試著多點耐心，把速度放下來。

黃色性格心理健康警示錄

行為多動

有些黃色性格的孩子，從小就會被誤認為是過動症患者，被認為是課堂紀律最不好的那一群，被稱為「自製力差」。在我的班上，我發現一些黃色性格的學員，坐著坐著就坐不住了，開始晃來晃去，不斷地換坐姿，連喝水的頻率也比別人高，甚至會出去蹓躂一圈再回來。假如這種好動在他們的工作環境裡不被允許的話，他們就會非常難受，非常不適應。他們天生喜動不喜靜，可以學習如何享受安靜。

討好

黃色性格的人很在乎被認同，特別渴望得到表揚和讚賞。這沒什麼不好，越認同越有幹勁，越能有好結果。其實紅、黃、藍、綠性格都是如此。只是對黃色性格的人來說，渴望被認同不要太過度，如果過度就變成討好了：「我的發言怎麼樣，還好吧？」「今天這件事做得漂亮吧？」如果別人覺得不好，他們就很可能順著別人的看法走。其實不需要太在意別人的看法，你的重點是要設法認定怎麼做才是正確的，如果認定正確，那就堅定而坦蕩地去做就好了。「只為做對事，不為你說好。」你就是你，那永遠不變的正面心態就是最佳狀態。

焦慮

其實紅、黃、藍、綠性格都容易有焦慮心理。如果此事的解決需要快速而精準，焦慮程度馬上就提高了；需要對付那些長期帶來沉重感的事務時容易焦慮；對約束的承受力很弱，這會讓他焦慮，他會掙脫而奔向自由，甚至在掙脫中不惜採取破壞性的行為。沉穩、泰然處之是黃色性格應該追求的。

▌藍色性格心理健康警示錄

自責

藍色性格的人是最謙虛的，他們做事情認真、專注，但是一旦他們自己做錯事情了，就會生自己的氣，跟自己較真，恨不得把自己打一頓。最不妙的是，他們還會耿耿於懷、久久不忘，他們容易自責，容易否定自己。「吃一塹，長一智」最適合他們了。所以，做錯事不要怕，要接納自己的不完美，給自己生氣的情緒一點認可、一點空間，然後走向陽光，不要深陷其中。

自卑

藍色性格的人特別需要陽光的溫暖。如果只剩下半塊麵包，藍色性格的人會很沮喪地說：「這可怎麼辦啊！只剩下半塊麵包了。」而黃色性格的人則會興高采烈地說：「太好了，我還有半塊麵包呢！」今天這個任務沒有完成，藍色性格的人可能會說：「又沒完成任務，我就說我不行的，這樣下去該怎麼辦啊？」說話時透露著失望和自責。這樣的思維方向，容易讓人產生自卑心理。事情發生了，學著從正向積極的角度看問題。即便是從悲

觀處看也沒關係，未雨綢繆很重要。只是負面思維出現時，要及時覺察，並做正向的評估。

多疑

藍色性格的人是心細、保守的，同時他們也很多疑，可能很多藍色性格者的成功就源於他們的多疑。他們懷疑很多事情，所以他們需要不斷地去驗證，不斷地去確認，這樣就能不斷地接近正確，最後獲得成功。但這份多疑如果用錯地方，或用得太過度，就是一種心理不健康的表現了。過度多疑就容易小心眼，容易鑽牛角尖，以致忽略了高度、廣度。

憂鬱

紅、黃、藍、綠性格都會有憂鬱情緒。藍色性格的不利因素是，他們心思很多，這件事該怎麼辦，那件事該怎麼辦，覺得有很多事情都需要思考，需要去理順。越夜深人靜，越會擋不住思潮翻湧。睡不好，第二天工作狀態就會不好；工作狀態不好，就容易出錯；出錯了，心情就會不好，然後不想吃飯、無精打采、不高興，感覺壓力很大，看不到希望，身體和心理都會受到巨大影響。

我們常說，所有人都是孤獨的，但是最容易孤獨，同時也最會享受孤獨的，正是藍色性格的人。他們可以去享受這份孤獨，但必須有一個限度，如果孤獨的頻率過高，或經常把自己陷入孤獨的境地而無法自拔，就容易產生憂鬱情緒。憂鬱和憂鬱症不一樣，不是有憂鬱情緒就一定會得憂鬱症，這是兩回事。藍色性格的人生活裡應多一些「輕鬆」。

綠色性格心理健康警示錄

恐懼人際交往

綠色性格的人最不愛說話，所以經常被別人誤解。誤解產生了，他們就會不開心，但他們又不善於把自己的不開心表達出來，於是就悶在心裡。由於不善言談，導致他們恐懼人際交往。沒有良好的人際交往能力，生活、工作中就會有諸多問題產生。

過激行為

假如我們內心都有一個專門存放情緒的倉庫，那綠色性格者的這個倉庫最大。他們可以放很多情緒進去，正因為這一點，我們會覺得他們脾氣很好，可以容忍很多人和事，但也必須有個限度。再大的倉庫也會有放滿的時候，如果長時間不對情緒倉庫做任何清理，而且繼續堆放，綠色性格的人就會情緒大爆發，甚至做出令人意外的事，如自殺、犯罪等。

憂鬱

由於綠色性格的人靦腆、害羞，不太善於發洩情緒，也不太善於跟別人分享，最怕帶給別人麻煩，因此他們更願意自我消化、自我處理。憋悶的日子久了，雜七雜八的內容攪和在一起，容易產生憂鬱、悲傷、失望的情緒。

焦慮

綠色性格的人求穩定，不願意變化，更難接受快速、裂變式的變化，所以他們總是被動地服從。常常別人都跑得很遠了，他們才剛開始起步，

這就很可能比別人走得慢,可能被別人忽視,使行為上更加被動和拖延,長時間這樣下去,他們一定會焦慮。

　　總之,性格是把雙刃劍,它可以成就一個人,也可以毀滅一個人。無論做什麼事,我們要有意識地引導自己的性格健康發展,讓自己的性格優勢最大化。同時,要注意適度,任何事情太過度都不好。最後,我想說的是,影響心理健康的不僅僅是性格,還與我們受教育的過程、父母的教養、遺傳、職業經歷等有關係,但性格是其中一個很重要的因素,我們不要忽視它。

第十二章
完善性格使人生完美

我們不僅要認知自己的性格特點、做自己的朋友，還要在認知的基礎上不斷完善我們的性格，既不可以完全任由性格、做性格的奴隸，也不能被性格所局限。不斷完善自己，讓自己不斷成長、更加成熟，這永遠是我們人生的一大主題。

　　有很多學員問我：「你同意性格決定命運這種說法嗎？」我說，性格一定是決定命運的重要因素，但不是唯一因素！我認為要把對性格的了解放在首位，了解得越多，能意識到的就越多，自我覺察也會越多，改善就會自動緊跟其後。

相信性格是可以改善的

　　有人問，性格可以改變嗎？我說，本然性格這個部分很難改變，因為先天的這部分性格有它的穩定性，所以才叫本性難移。但是性格可以改善，可以透過努力來豐富其對環境適應的多面性。可以把性格中優勢部分的價值最大化，把性格中劣勢部分所帶有的破壞性力量變弱或規避，學習和獲得其他性格的優勢部分。下面講幾個人物例子，跟大家分享。

陳葉的故事

　　陳葉女士是綠色性格，她 16 歲時就當兵了，當兵前，她是一個乖乖女，典型的柔弱女子。來到軍營，部隊裡整齊劃一、快速行動，性別意識比軍營外薄弱。當兵二十年的時間，足以把一個柔弱少女培養出諸多「男子漢」的特點，這個「男子漢」的特點和紅色性格的一些特點不謀而合，於是我們就說，這時她的性格已經是綠＋紅了。二十年後，她走出軍營，不斷奮鬥，有一天，她成為一家企業的副總。我跟她交流的時候，發現她既

有綠色性格女性的柔美，又有紅色性格的俐落和果斷，好令人羨慕的一個性格搭配。也就是說，一個原本綠色性格的女孩，透過當兵的經歷，這個後天環境的影響，讓她綠色性格中柔弱的力量、求平穩的力量、「拖拉」的諸多劣勢力量，都變弱了，甚至被規避；同時又在軍營這個後天環境裡，習得很多紅色性格的特點，而且經過二十年時間的打磨，這些習得的紅色性格特點，也已然成為她的穩定性格特點。離開軍營，來到社會，她又不斷地糅合這兩種性格，不知不覺中，使自己形成了更加立體而有魅力的複合型性格。

▌張蓉蓉的故事

有一個叫張蓉蓉的女性，40歲，她小時候是一個黃色性格的可愛女生，是家裡最小的一個，上面還有三個哥哥。在家裡，爸爸、媽媽、爺爺、奶奶、三個哥哥都很寵她。她可以自己說了算，有什麼想法，只要說出理由，就會得到支持。即使有些想法不能很快得到支持，只要她堅持，最終還是能獲得勝利。由於她從小就有很多可以做決斷的機會，大家都寵著她，她也變得更有自信，有時候還很倔強。一個小孩子特別受寵，是很容易獲得紅色性格特點的，比如非常有自信；有更多的機會去「野」；有更多機會在孩子裡當大王……這時這個黃色性格的女孩，已經走在黃＋紅的路上了。我認識她的時候，她已成為一家大型連鎖美容院的院長。成為領導者，紅色性格的人具有天然的優勢，當年那個可愛的黃色性格小女生，在她的成長環境中，有機會獲得很多紅色性格的特點，幫助她成為今天黃＋紅的優秀女性。當然，所謂的優秀，只看性格是不夠的，還要看她的學識、修養、能力……我們在這裡只是從性格這個角度來分析。

▍陳英的故事

　　陳英，一個黃色性格的小女生，非常可愛，能歌善舞。後來她選擇了一份特別適合她的職業，就是幼兒園老師。她在幼兒園工作非常出色，一個大孩子天天帶著一群小孩子玩。她的工作天天都離不開玩！孩子們也都很喜歡她，她成為非常優秀的幼教工作者。若干年後，我們再見面時，發現她有了很大的變化。以前她是典型的黃色性格，內務雜亂，而且經常丟三落四。現在她已經結婚了，我發現她變得整齊，變得有條理了。怎麼變的呢？後天的環境是如何促使她改善性格的呢？

　　第一個原因是工作。幼兒園裡，小朋友的茶杯、毛巾、小被子要整齊劃一，幼兒園對消毒的要求是最嚴格的，檢查衛生的頻率也非常高。檢查衛生就要打掃衛生，於是她養成了很多有條理、乾淨整潔的習慣。經年累月，這樣的工作內容，已經讓她的「亂」得到收斂。而乾淨整潔、有條理，是藍色性格的人最容易具有的，也就是說，工作環境使她具備了一些藍色性格的特點。

　　第二個原因是她的丈夫是藍色性格的人，藍色性格的丈夫做事是最認真、最有條有理的。丈夫的有條理和整齊劃一，在無形中又影響到了她。於是今天的陳英，就變成了黃色＋藍色的複合型性格了。

▍小龍的故事

　　小龍 2 歲時就離開父母，跟爺爺、奶奶一起生活。二位老人都是藍色、綠色為主的內向性格，小龍是藍色性格的孩子，長期跟藍、綠色性格的老人家生活在一起，他更加熟悉內向性格的做法，也更加了解內向者對自己的要求和期許。比如：要特別注意安全，若有一點冒險的玩法，就會

立刻被制止；不要大聲哭叫，快樂伴隨著小心謹慎是主要旋律。再加上老人家年紀、身體的原因，外出的時間少，小龍接觸外界的外向性格機會也相對較少，也就是說，他在內向老人的養育下，自己也變得更加內向，逐漸形成藍＋綠的性格走向。爺爺、奶奶精心呵護、小心翼翼，他們一方面很愛孫子，一方面也怕照顧不好孩子，會對他們的子女無法交代，於是小龍的開放、輕鬆、天馬行空、大膽嘗試、廣泛交友……都少了很多體驗的機會，而恰好藍色性格的孩子更需要這些體驗或鍛鍊。這些對小龍在心智上最直接的影響就是「自信心」。小龍在學齡前就開始走向藍＋綠了，相比之下，如果是藍＋紅或藍＋黃的養育方向，會讓孩子的性格態勢更加立體，性格能量也更加廣泛和全面，而不至於成為太過內向的藍＋綠。

如果說先天的性格特點是底色，那在後天環境中還會被塗染上什麼色彩？誰是圖染我們的主要人物（通常是養育者）？主要人物的性格又是什麼色彩？他們在教養中又是如何沁染我們的？後天環境中還有哪些因素對我們的性格有重要影響？我們怎麼知道自己的哪些部分是後天被渲染而成的？我們怎樣去主動塗染喜歡和渴望的色彩？在我們多彩的人生中，有多少成分是「性格決定命運」的？這些思考很有意思！

走出性格的盲點

那麼，具體怎樣改善性格呢？我們先來談談性格的盲點，只有了解性格的盲點，才能避免陷入這些盲點，從而改善性格、完善性格。

我的性格不好

很多學員問我：「我的性格不好該怎麼辦？」其實，性格無所謂好壞。如果自己不承認自己，不接納自己，不喜歡自己，這是很遺憾的事情。不喜歡自己的人一定會自卑，一旦自卑，成功指數就大打折扣。性格沒有好壞之分，只是特點不同。只要你發揮的時機恰當，就是非常好的。所以，不要以為自己的性格不好，不存在這種說法。當然，我們指的是本然性格。

對方的性格不好

也有很多人說：「我另一半的性格不好，我孩子的性格不好，我們老闆的性格簡直太差勁了……」說對方的性格不好也是錯誤的，對方可能某種行為表現不太恰當，也只能說，在這個方面，他性格發揮的時機不恰當，但對整個性格來說，是沒有好壞之分的。比如細膩，你說細膩是好還是不好呢？如果發揮的時機恰當，就是認真、細緻、周到；如果發揮的時機不恰當，就有可能是挑剔、較真兒，甚至鑽牛角尖。我們再次強調，性格沒有好壞之分，只有發揮的時機是否恰當。所以，請對自己寬容，也對周圍的人寬容。

被自己的性格所局限

有人說，紅色性格的人是天生當長官的料，那麼不是紅色性格就當不好長官嗎？這麼說也不對。紅、黃、藍、綠性格的人都可以成為優秀的管理者，只是他們做領導者的風格會不一樣。不要用性格來局限自己、局限你的另一半、局限你的孩子。就因為性格的原因，覺得這個不能做，那個做不來，而錯失了很多機會，這是得不償失的。

所以，不要受性格的局限，可能你去做了一件看似不容易的事情，但正好改善了你的性格，拓展了你的能力，從而會讓你變得更加多元化。

誤以為很了解對方

有一組對話如下。

問：「誰最了解妳？」

答：「當然我自己最了解我自己。」

問：「誰最了解妳丈夫？」

答：「當然是我這個做妻子的最了解他。」

問：「誰最了解妳的孩子？」

答：「這個世界上最了解我孩子的莫過於我了。」

你真的最了解他嗎？很多情況下，我們都誤以為很了解對方，但各位請想想，之前你對他的性格了解到底有多少？你對不同年紀的他的心理特點了解多少？你了解他成長的歷程對他的心理有什麼影響嗎？其實，了解對方是一個永恆的話題，尤其是跟另一半在一起，跟我們的孩子在一起，要用一輩子的時間去了解對方，知道要在什麼地方迎合對方，要在什麼地方幫助對方。人的一生是學習的一生，是不斷成長的一生，讓我們帶著溫暖的好奇心，不斷地發現和成長吧！

用自己的性格去要求對方

一個快節奏的人會說：「你怎麼那麼慢啊？你可不可以快點？」潛臺詞是：「因為我是快的，我看不慣你的慢。」

一個慢節奏的人會說：「你那麼快幹嘛啊？我都跟不上。」「你能不能

慢一點？完全不顧及我的感受！」潛臺詞是：「我在用我的慢去要求你，我有理由要求你，因為我是你的另一半，你理應關照我。」

當有一天雙方這種要求太多了，超出對方的承受度，關係就會惡化了，婚姻關係經常就是因為這個而崩潰的。幾乎所有人都在用自己的性格去要求對方，無處不在。媽媽希望孩子的性格像她一樣快樂，爸爸希望孩子像他一樣有男子漢氣概，紅色性格的領導者嫌下屬跟不上自己的步伐，而所有的下屬都在說：天啊！領導者你可不可以有點同情心？慢點行嗎？

我們都會先想到自己的需求，這是人的天性。但如果想提高工作品質；想提高與親人之間相處的品質；想提高我們做人的品質，不妨了解一下性格，關照一下對方，那人與人的關係就更容易相處了。

▌完全用自己的方式與別人相處

很多人都不知不覺地按照自以為是的方式與人相處，但這麼做是很危險的。因為每個人的性格不同，他們喜歡的交流、溝通和相處方式也會有所不同。當然，也有另外一種人，他們知道自己與別人相處的方式不太理想，但又不知道自己的問題出在哪裡。所以，與人相處的過程中，需要了解對方的喜好，找到一個大家都能接受的方式來相處，這樣人際關係才會和諧。自以為是的相處方式，往往會被發現是錯誤的。

改善性格需要遵循六大原則

▍認識自己，做好自己

如果一個人能最大限度地做自己，那一定是很幸福的。但是，前提是你需要認清自己的性格系統，只有這樣才能做你自己。我們身邊的核心人物會或多或少對我們的性格表現有不同的期許，我們要知道哪些部分是自己必須堅守的，哪些部分是可以改善的。比如媽媽總在你面前誇讚姐姐性格好的時候，你要知道自己本性難移的部分是要堅守的，姐姐好的地方，可以學習，但不是捨棄自己去做他人。更要清醒地看到，媽媽可能是拿姐姐的優勢和你的劣勢相比較呢！

▍沒必要改變性格，改善即可

天性中的那部分性格，想徹底改變是很難的，也是沒有必要的。我們要做的不是去改變性格，而是去改善性格。比如，孩子是黃色性格的人，但你看不慣他寫作業坐不住，沒有必要非得把他改變成藍色性格的人，但可以幫助他向藍色性格的人學習，培養安靜寫作業的習慣。

很多人都說：「我要改變我的性格！」但是總無法改變成功。其中很重要的一個原因是，他不承認自己原有的性格，放棄原來的自己，想另外塑造一個，這幾乎是不可能的。比如你是黃色性格的人，要先做好自己的黃色性格，要認可自己、接納自己、喜歡自己，在這個基礎上，可以透過學習其他性格的優點，來豐富自己、改善自己。

主動改善，而不是被動改造

　　如果你想改善身邊人的性格，就不能強迫他，說：「你必須改！你看你就不如人家的性格好。」或者說：「老公你看你，你又犯這個錯了，你還不改？說了多少次了？」你在指使、命令別人改正，然而誰都不願意被別人牽著鼻子、打著、罵著去改變，即使做了，也是表面功夫。如果真的要改，除非是自己認為有改的必要，他才能夠自覺地、主動地、非常快樂地去改。

向不同性格的人學習

　　向不同性格的人學習主要有兩個目的：一是我們可以最大限度地去欣賞各色各樣的人。其實欣賞別人也是一種能力和心態，學習對方的優勢性格能讓我們看清對方，具有很多正面的意義。二是能更加豐富自己，不斷地、有意識地學習對方的優點，不斷豐富、完善自己的性格，使自己不斷地成長。這個過程是新奇有趣的，你會在不知不覺中發生變化，讓自己活得更舒暢，也會變得更受歡迎。

花時間重新評判一下周圍的人

　　以前，你可能因為某個人太倔強、太霸道、太自以為是了，所以看不慣他，不願意跟他在一起。今天，了解性格特點後，你可以重新看待他，你會發現原來是因為他是紅色性格的緣故，他不是對你一個人這樣，而是對所有人都這樣，他的行為不是道德層面上的，只是本然性格罷了。有了這樣的評價，你立刻就會覺得自己變寬容了，你的人際關係也會好很多。如果從性格的角度看人，你會對所有人的行為方式都有更多的理解和接納。重新評判一下周圍的人，肯定跟以前的評判大不相同，這會帶給你很多喜悅和新的發現。

▎請留意同一顏色性格的人

假如你是黃色性格的人，身邊也有幾個人是黃色性格，那麼你一定要觀察一下他們，留意他們喜歡做什麼。是的，他們就是你的鏡子！你看到了他們為什麼而受歡迎，同時你也看到他們怎樣的表現會讓大家排斥，你就知道該如何改善自己的行為了。保留那些受歡迎的性格特點，對大家排斥的地方多加小心，不一定非得改掉，但與人交往的過程中，可以避免。在這個過程中，你就會慢慢成長。

讓我們有意識地去完善自己的性格，努力提升自己的性格特質。這樣我們的未來會變得更加美好，每個人的幸福指數都會不斷提升，這也是我們了解性格話題的終極目的。

因為性格太多變，所以需要色彩心理學：

孤傲紅色、浮誇黃色、嚴肅藍色、被動綠色，分析極端情緒的另一面，竟然都是「色」字惹的禍？

作　　者：張勤

發 行 人：黃振庭

出 版 者：崧燁文化事業有限公司

發 行 者：崧燁文化事業有限公司

E-mail：sonbookservice@gmail.com

粉 絲 頁：https://www.facebook.com/
　　　　　sonbookss/

網　　址：https://sonbook.net/

地　　址：台北市中正區重慶南路一段六十一號八
　　　　　樓 815 室

Rm. 815, 8F., No.61, Sec. 1, Chongqing S. Rd.,
Zhongzheng Dist., Taipei City 100, Taiwan

電　　話：(02)2370-3310

傳　　真：(02)2388-1990

印　　刷：京峯數位服務有限公司

律師顧問：廣華律師事務所 張珮琦律師

定　　價：299 元

發行日期：2023 年 07 月第一版

◎本書以 POD 印製

國家圖書館出版品預行編目資料

因為性格太多變，所以需要色彩心
理學：孤傲紅色、浮誇黃色、嚴肅
藍色、被動綠色，分析極端情緒的
另一面，竟然都是「色」字惹的禍？
/ 張勤 著，. -- 第一版 . -- 臺北市：
崧燁文化事業有限公司 , 2023.07
面；　公分
POD 版
ISBN 978-626-357-437-3(平裝)
1.CST：性格 2.CST：人際關係
3.CST：溝通技巧
173.761　112008657

電子書購買

臉書